Fit in Diktaten
Übungsheft 7/8

Brigitte Ehrlich

Sabine Koch

Helmut Lindzus

Schroedel

Fit in Diktaten
Übungsheft 7/8

Brigitte Ehrlich
Sabine Koch
Helmut Lindzus

Nach gültiger Rechtschreibung 2006

Druck A[1] / Jahr 2007
Alle Drucke der Serie A sind im Unterricht parallel verwendbar.

Illustrationen Carolin Heidloff, Braunschweig
Redaktion Sandra Wuttke-Baschek, Recklinghausen
Herstellung Nicole Hotopp
Typografie und Satz PER Medien+Marketing GmbH, Braunschweig
Druck und Bindung westermann druck GmbH, Braunschweig

ISBN 978-3-507-41081-7

Inhaltsverzeichnis

■ Setze s, ss oder ß ein!

Kla___enfahrt mit Hinderni___en (Teil 1)

Gemein___am mit ihrer Kla___enlehrerin Frau Bändel hatte die 7a beschlo___en, in der zweiten Woche nach den Pfing___tferien an den Bodensee zu fahren. Pünktlich um sieben Uhr drei___ig brem___te am Montagmorgen, dem er___ten Tag der gro___en Rei___e, der Bu___ auf dem Schulparkplatz. Dort warteten bereit___ die mei___ten Kinder mit ihren Eltern, die noch einmal die wichtig___ten Verhalten___ma___regeln wiederholten. „I___ nicht so viele Sü___igkeiten!“ „Vergi___ nicht zu schreiben!“ „Pa___e auf deine Geldbör___e auf!“ „Binde deine Schnür___enkel zu!“ „Du mu___t jeden Abend deinen Hu___ten___aft einnehmen!“ „Wech___ele so schnell wie möglich die Woll___ocken, wenn du na___e Fü___e bekommen ha___t!“

Schlie___lich mu___ten die Eltern ihre gut gemeinten Anwei___ungen beenden, denn die Türen des Bu___es öffneten sich. Frau Bändel begrü___te den netten Bu___fahrer Manni, mit dem sie schon einige gelungene Fahrten durchgeführt hatte. Nach einigen ha___tigen Abschiedskü___chen drängelten alle ins Innere des Bu___es und verstauten ihre Koffer und Ruck___äcke. Frau Bändel zählte die begei___tert schwatzenden Schülerinnen und Schüler. Plötzlich stellte sie ent___etzt fe___t, da___ au___gerechnet Larissa, ein son___t sehr zuverlä___iges Mädchen, fehlte.

„He, seid doch endlich einmal still“, schrie Frau Bändel, „wei___ jemand, ob Larissa krank ist?“

„Ge___tern Abend haben wir am Telefon darüber di___kutiert, wie viele T-Shirts wir mitnehmen wollen“, sagte Sina, „Larissa freute sich schon sehr auf den heutigen Tag.“ „

Na, der fängt ja gut an“, seufzte die Lehrerin lei___e.

■ Setze s, ss oder ß ein!

Kla___enfahrt mit Hinderni___en (Teil 2)

„Wir können ruhig noch ein bi___chen warten", meinte Manni gela___en, „in die Stau___ auf der Autobahn geraten wir noch früh genug!"

Inzwischen sa___en alle Schülerinnen und Schüler – au___er Larissa – auf ihren Plätzen. Einige schmiedeten schon Pläne für die hoffentlich ereigni___reichen Abende und dachten sich allerlei Spä___e für das Abschlu___fe___t am letzten Tag aus. Eine Ma___kerade sollte den Höhepunkt bilden. Andere lie___en sich von Frau Bändel noch einmal über das Programm der Woche informieren. Sie erzählte ihnen von der Blumenin___el Mainau mit der herrlichen Schlo___terra___e und von dem intere___anten Freilichtmu___eum in Unteruhldingen. Schlie___lich wurde Frau Bändel aber doch ziemlich nervö___ . „Vielleicht können wir an Larissas Hau___ vorbeifahren", sagte sie mi___mutig zu Manni. „Geht klar", antwortete Manni und gab Ga___. In die___em Moment brau___te ein Kleinwagen auf den Parkplatz und hielt mit quietschenden Reifen. Larissa sprang aufgeregt aus dem Auto. „Larissa, wir haben dich sehr vermi___t!", rief ihr Frau Bändel erleichtert entgegen.

Larissa war ganz bla___ um die Nase; Schwei___perlen standen auf ihrer Stirn. „Ich bin total gestre___t", stöhnte ihre Mutter, „er___t suchte Larissa überall ihr Kuschelki___en, da___ sie schon vorge___tern eingepackt hatte. Dann ri___ auch noch der Gurt des Koffers! Jetzt mu___ ich aber schnell___ten___ zur Arbeit. Viel Spa___ mit der Ra___elbande, Frau Bändel!" Mit to___endem Applau___ begrü___te die Kla___e Larissas Ankunft. Larissa sank auf ihren Platz und holte ihre Wa___erflasche herau___. „Na, ist dir hei___ geworden?", fragte Frau Bändel lächelnd. „Jetzt kann es ja wohl lo___gehen", grin___te Manni und startete.

■ Diktiert euch die folgenden Texte als Partnerdiktat. Korrigiert anschließend gemeinsam den ersten und zweiten Teil des Diktates.

METHODE

Partnerdiktate
So kannst du mit einem Partner / einer Partnerin üben: Denkt euch zunächst einige kurze Sätze aus, in denen möglichst viele der Lernwörter enthalten sind bzw. nehmt die Beispiele, die ihr unten findet. Der eine diktiert, der andere schreibt. Dann kontrolliert ihr das Geschriebene und tauscht die Rollen.

Schreck um Mitternacht (Teil 1)

In einer düsteren Samstagnacht im November verließ Tim zur Geisterstunde das Haus seines Freundes Daniel, obwohl sie eigentlich beschlossen hatten, das Wochenende gemeinsam zu verbringen.
Draußen war es vollkommen finster. Das Haus, das mitten in einem Waldstück lag, sah von außen wie ein verwittertes Schloss aus. Daniels Großvater hatte es vor Jahrzehnten von einem blassen Grafen erworben, dessen auffälligstes Merkmal ein unregelmäßiges Gebiss war, das er nur selten entblößte. Seitdem das Haus im Besitz von Daniels Familie war, spukte der rastlose Schlossgeist des Öfteren. Am liebsten erschien das Gespenst im Anschluss an fesselnde Gruselgeschichten, die Daniel mit Begeisterung erzählte oder vorlas. Dass sich unter dem weißen Laken stets Daniels Bruder verbarg, wussten die meisten allerdings schon längst.

Schreck um Mitternacht (Teil 2)

Auf seinem Weg dachte Tim gerade an eine äußerst geheimnisvolle Geschichte, als er plötzlich über eine rostige Gießkanne stolperte. Dabei stieß er gegen einen Ast und fiel zu Boden.
Sein Fuß schmerzte so sehr, dass er ihn nicht mehr belasten konnte. Beim Aufstützen fasste Tim in ein Gestrüpp voller Brennnesseln. Zu seinem größten Entsetzen musste er auch noch feststellen, dass er die Orientierung verloren hatte. Das konnte doch alles nicht wahr sein! Tim spürte, dass der Kloß in seinem Hals wuchs. Ängstlich blickte er in der Dunkelheit um sich. Da ertönte ein grässlicher Schrei. Tims Puls raste. Im selben Moment rüttelte jemand an seiner Schulter. Entgeistert schaute Tim in zwei grüne Augen.
„Mensch Tim, du bist ja vor dem Fernseher eingeschlafen", rief eine bekannte Stimme.
„Hoffentlich hast du auch etwas richtig Gruseliges geträumt", grinste Daniel.

■ Setze z oder tz in die Lücken ein!

In der Oper

Hallo Fritzi,

je____t halt dich fest! Le____ten Dienstag war ich zum ersten Mal in der Oper. Dort ist es gan____ anders als im Kino. An der Kasse gab es weder Sal____gebäck noch Schmal____kuchen zu kaufen. Eigentlich wollte ich mich ja an den Rand se____en, um notfalls verschwinden zu können, aber die Si____e waren nummeriert und so wurde ich mitten in der dritten Reihe pla____iert. Gleich zu Beginn fli____te ein verschwi____ter Räuber Ho____enplo____ auf die Bühne. Der war aber gar kein Bösewicht, sondern nur ein guter Prin____ mit Bauchansa____. Mit Schmel____ in der Stimme rief (be____iehungsweise sang) er um Hilfe, da ihm eine Riesenkreu____otter übel zuse____te. Mit Bli____ und Donner erschienen daraufhin drei Damen in de____enten Abendkleidern, die solange sangen, bis das schwar____e Untier tot umfiel. Der Prin____ bedankte sich artig und sollte nun als win____ige Gegenleistung eine Königstochter befreien. Zu seinem Schu____ gaben ihm die drei noch eine Art Trillerpfeife mit auf den Weg, obwohl ein stabiler Fli____ebogen wahrscheinlich sinnvoller gewesen wäre. So ausgerüstet machte er sich mit einer Zufallsbekanntschaft, einem kau____igen Althippie, auf den Weg. Bis zur Rettung der pu____munteren Prinzessin und dem Finden einer fe____igen Freundin für den Kumpel des Königssohns vergingen ungefähr zwei Stunden, in denen jeder Ein____elne du____ende zu Her____en gehender Lieder zu singen hatte. Die Gerettete verliebte sich tro____ seiner Halbgla____e in den Prin____en, der blumenbekrän____te Aussteiger bewunderte die Ne____strümpfe seiner neuen Freundin und alle sangen dabei für das Gute der Welt.

Leider hat die Pla____anweiserin meine Karte abgerissen, sodass ich nicht mehr weiß, wie die Oper heißt. Es war irgendetwas mit Z von Mo____art. Kannst du mir helfen?

Viele Grüße

Benni

■ Nicht alles, was wie ein x klingt, wird auch als x geschrieben. Welche Möglichkeiten gibt es, diesen Laut zu schreiben? Vervollständige die Wörter, sortiere sie nach ihren unterschiedlichen Schreibungen und trage sie in die Tabelle ein.

VerfliXt!

en · Ko · Kle · Clo · mur · schnurstra · Fa · eln · el · en · Fu · se · We · kra · Ke · hinterrü · Kni · län · perple · He · t · t · A · us · e · lin · Lu · Bo · Kna · bu · geradewe · mitta · eln · er · ieren · flu · hä · Bu · Lu · t · ta · e · Wa · e · O · über · verkor

x				

■ Vervollständige die Wörter. Du kannst wählen zwischen f oder pf oder ph oder v.

Unser Schulausflug

_____orige Woche haben wir einen Aus_____lug zum _____luss gemacht, um dort die heimischen _____ögel und _____lanzen anzusehen. Der Tag _____ing _____iel _____ersprechend an. _____rau _____euerstein sorgte _____ür die _____er_____legung. Sie hatte _____ür die ganze Klasse Na_____kuchen, _____irsichtörtchen und _____undweise _____anillekekse gebacken. Als wir nach einem erschö_____enden Strei_____zug durch den angrenzenden _____insteren _____orst endlich am Wasserlau_____ ankamen, _____anden wir ein _____antastisches _____leckchen un_____er_____älschter Natur. Die Sum_____-dotterblumen blühten, die _____inken zwitscherten und die _____ohlen auf der _____iehweide _____raßen _____röhlich eine _____uhre Ha_____er. _____illipp, unser Saxo_____on spielender _____iloso_____, ein ho_____nungsloser Romantiker, ritzte mit seiner Nagel_____eile ein Herz mit _____eil in einen ange_____aulten _____ichtenstamm. Unterdessen ging ich mit meinem _____reund _____red im Ge_____olge zum U_____er hinunter, um eine Hand _____oll _____eilchen zu _____lücken. Wir waren kaum _____ierzig Meter weit gekommen, da _____ersank ich auch schon bis zu den _____uß-knöcheln im sum_____igen Boden. Mein _____i_____iger Ge_____ährte blieb natürlich so_____ort stehen und zückte _____eixend seinen _____otoapparat. Als ich _____ersuchte, meine _____üße aus dem Morast zu be_____reien, _____erschwand leider einer meiner neuen Stie_____el mit einem _____iesen „Schmatz“ im Schlamm. _____or Schreck _____iel ich auch noch in eine _____ütze. Jetzt habe ich ein Paar per_____orierte Strüm_____e und einen _____undigen Schnu_____en, den mein _____ater alle _____ün_____zehn Minuten mit einem neuen Sen_____ - _____laster behandelt. Eines ist jeden_____alls sicher: Den nächsten Klassentrip in die _____erne mache ich nicht ohne meine

Taucher_____lossen!

■ E oder Ä oder Ai, das ist hier die Frage. Diktiert euch die Sätze gegenseitig und vergleicht eure Ergebnisse. Achtung, manchmal gibt es mehrere richtige Schreibweisen!

Majonäse oder Mayonnaise?

1. Die ganze Schenke/Schänke war aufwendig/aufwändig geschmückt.
2. Er bedankte sich überschwänglich für das Nessessär/Necessaire.
3. Die Gräfin lässt ein Portrait/Porträt von sich malen.
4. Behände springt das Blässhuhn/Blesshuhn vom Lärchenzweig.
5. Belämmert sah er zwischen den Blumenstängeln hervor.
6. Am liebsten esse ich Hering mit Majonäse/Mayonnaise.
7. Die Gämse hatte einen gefährlichen Mundgeruch.
8. Sie kann sich schon selbstständig/selbständig die Schnürsenkel zubinden.
9. Selbstverständlich werden wir uns fair verhalten.
10. Es hat sich bewährt, in der Vorsaison zu verreisen.

METHODE

Wörter ableiten
Bei der Schreibung eines Wortes kann dir die Wortfamilie helfen, dich für die richtige Schreibweise zu entscheiden. Überlege dir dabei, wovon das Wort abgeleitet sein könnte, **z. B.** *Träume* – von *Traum; Länder* – von *Land,* deshalb ä; *Beute* nicht abgeleitet, deshalb eu.

■ Eu oder Äu? Diktiert euch auch diese Sätze. Achtung, hier gibt es immer nur eine richtige Schreibweise!

1. Die Meuterer teilten die Beute, nachdem sie sich alle verbläut[1] hatten.
2. Neugierige Leute sind mir ein Gräuel.
3. Ungläubig betrachtete er die heulenden Eulen auf den Säulen.
4. Sich in seinen Pulloverärmel zu schnäuzen, ist eine scheußliche Angewohnheit!
5. Heute läuten die Glocken schon den ganzen Tag.
6. Neulich habe ich mir eine Beule geholt.
7. Der Säugling machte mit Geheul auf sich aufmerksam.
8. Das Lagerfeuer erleuchtet die Rückseite des Gebäudes.
9. Bei dem gräulichen Wetter sollten wir schleunigst die Gäule in die Scheune bringen!
10. Die Gardinen haben einen gräulichen Schimmer.

[1] verbläuen = ugs. für verprügeln

■ Diktiert euch die Texte als Laufdiktate (s. S. 56).

Fernbedienung (Teil 1)

Viele Familien bedauern es, dass ihre Kinder so viel fernsehen. Am liebsten würden sie es ihnen verbieten, aber in Verbote haben sie kein rechtes Vertrauen, mit denen sind sie zu oft gescheitert.
Also versuchen sie es wenigstens zu vermeiden, dass ihre Kinder mit der Fernbedienung von Sender zu Sender hopsen, ohne zu verweilen.
Doch was kritisieren die Erwachsenen da? Wenn sie selber die Fernbedienung benutzen, dann ist es plötzlich nichts Verwerfliches mehr, von Sender zu Sender zu schalten. Hier wird mit zweierlei Maß gemessen. Da gibt es nur eins: Die Fernbedienung sollte abgeschafft werden.
Bevor jemand seinen gemütlichen Fernsehsessel verlässt und zum Fernsehgerät geht, um am Fernseher einen anderen Sender einzustellen, verbringt er sicherlich lieber eine längere Zeit mit einer Sendung. Ich habe zum Beispiel so eine Fernsehreportage über Ferkelaufzucht verfolgt. Mit Fernbedienung hätte ich die vermutlich weggezappt.

Fernbedienung (Teil 2)

Das Zappen durch die Fernsehkanäle soll aber nicht nur verteufelt werden.
Es ist ein großer Vorteil, bequem im Sessel sitzen zu bleiben und sich im Programm zu bewegen, ohne dass man sich tatsächlich fortbewegen muss.
So wird es ganz sicher viele ganz und gar „unsportliche Surfer" geben, die unter dem Vorwand der Fortbildung die Programme schamlos vor- und zurückschalten.
Besonders aufregend wird es natürlich, wenn man sich durch die verschiedenen Vorabendprogramme zappt und diese zu einem neuen Fernsehereignis verschmelzen.
Das ist ganz praktisch. Die Machart der Soaps ist sowieso sehr ähnlich. Was macht es dann, wenn der Förster mit der Serienärztin zur Fortbildung einem Vortrag zuhört, den der Vizeweltmeister in der Vorstadtkneipe hält. Oder war die Fortbildungsveranstaltung nur ein Vorwand für den Forscher, sich heimlich mit der Vorzimmerdame des Vorstandvorsitzenden zu treffen?
Zuvor ist natürlich die Ehefrau des Vorsitzenden in die Ferien gefahren.
Sie ist nach Vorderasien verreist und ahnt selbstverständlich nicht, dass ihr Mann Geheimnisse hat, die er unbedingt verbergen will.

■ Diktiert euch die Texte als Partnerdiktate (s. S. 6).

INFO

Treffen bei zusammengesetzten Wörtern drei Konsonanten aufeinander, dann werden alle drei geschrieben.

Beispiel: Kuss + Szene = Ku**sss**zene
Fett + Tropfen = Fe**ttt**ropfen

Ein Traum

Gestern hatte ich einen ziemlich merkwürdigen Traum. Er begann damit, dass auf einem Pappplakat, das in jeder Ecke mit einer Blume aus Krepppapier geschmückt war, ein Gastspiel einer ganz außergewöhnlichen Balletttruppe angekündigt wurde.
Die Balletttänzer und Balletttänzerinnen kamen von den Hawaiiinseln. Da ein Teil der Gruppe unter Flugangst leidet, machten alle die Reise mit dem Schiff. Die Schifffahrt dauerte fast drei Wochen. Die Tänzer und Tänzerinnen nutzten die Zeit, um zu entspannen. Eine Tänzerin liebte es, Stillleben zu malen, am liebsten mit hellleuchtenden Farben. Eine andere Tänzerin las sehr gerne. Sie war eine richtige Schnellleserin. Sie hatte gerade einen Roman zu Ende gelesen. Die Schlussszene spielte auf einer Passstraße, wo die Luft so dünn war, dass jeder eine Sauerstoffflasche bei sich tragen musste. Der Manager der Gruppe war ein richtiger Fresssack, man konnte ihn schon als fresssüchtig bezeichnen. Er liebte fetttriefende Bratwürste, die er dick mit Delikatesssenf bestrich. Der Manager war so dick, dass sich niemand vorstellen konnte, dass er vor wenigen Jahren ein erfolgreicher Balletttänzer gewesen war.
In der Schlussszene meines Traumes sah ich, wie er am helllichten Tag als Schnellläufer an einem Wettbewerb teilnahm.

Ferienjobs

Carina hat vor, in den Ferien zu arbeiten. Sie muss sich entscheiden: Soll sie in einem Metalllager arbeiten und dort die Regale mit Kennnummern versehen oder soll sie lieber bei der Kaffeeernte in Afrika oder bei der Teeernte in Indien helfen? Carinas Freundin will etwas ganz Besonderes machen; sie will Flusssand durchsieben, um kleine Goldklümpchen zu finden, während ihr Bruder als Ordner bei einem Fußballländerspiel arbeiten wird.
In den letzten Ferien hat Carina in einem Betrieb gearbeitet, der aus einer Metalllegierung Kerzenleuchter und Bilderrahmen herstellte. Carina musste diese mit einem Stofffetzen oder einem Wolllappen polieren. Das machte ihr gar keinen Spaß, sodass schnell Missstimmung aufkam.

■ Diktier dir den Text als Dosendiktat.

INFO

Die Endungen -ig und -ich werden gleich ausgesprochen. Die Verlängerungsprobe hilft dir bei der Entscheidung, ob du -ig oder -ich schreiben musst.

Beispiel: Das Wetter ist sonn**ig**. = sonn**iges** Wetter
Die Kinder sind fröhl**ich**. = fröhl**iche** Kinder

Sandig oder eisig?

Als Wüste bezeichnen wir Gebiete, die sandig sind und in denen jährlich weniger als 250 Millimeter Niederschlag fällt. Dafür reichen oftmals ein oder zwei Schauer, die sehr heftig sind. 20 % der Erdoberfläche sind Wüste; nicht alle sind fein sandig, die meisten sind sandig und steinig. Wüsten entstehen in der Regel durch Klimaveränderung, die sich allmählich vollzieht, und durch Überweidung.
Die wohl bekanntesten Wüstentiere sind Kamele. Kamele, die einhöckerig sind, heißen Dromedare. Die Körpertemperatur der Kamele kann sehr stark schwanken, ohne dass dieses für die Tiere gefährlich ist. Ebenso ungefährlich ist extremer Wasserverlust, was ja zwangsläufig in der großen Hitze geschieht. Kamele speichern in ihren Höckern richtig viel Fett, das sie, wenn es notwendig ist, in Energie und in Flüssigkeit aufspalten können. Wenn Kamele lange nichts getrunken haben, werden sie dünn und ihre Höcker richtig schlaff. Wenn sie richtig durstig sind und Wasser finden, ist es möglich, dass sie in nur zehn Minuten 90 Liter trinken.
Fell und Gefieder schützen Tiere, die in Regionen leben, in denen es eisig kalt ist. Darüber hinaus ist es für das Überleben der Tiere notwendig, dass die Tiere Fett gespeichert haben.
Dass Tiere ihr Fell oder ihr Gefieder aufplustern, kann man häufig beobachten. Selbstverständlich machen sie das in kalten Regionen, um das Volumen an eingeschlossener Luft kräftig zu erhöhen. Dadurch wird eindeutig ihr Wärmeschutz erhöht. So ist zum Beispiel das Federkleid der Pinguine sehr pfiffig aufgebaut. Es besteht aus zwei Schichten. An der Basis der Federn gibt es Daunen, die flauschig sind; sie halten Luft fest. Sie wirken also wie mollig warme Thermo-Unterwäsche. Die Federspitzen bilden darüber eine Schutzschicht, um Wasser abzuhalten. Dafür sind sie dachziegelartig geschichtet.

METHODE

Dosendiktat
Teile den Text zunächst in Sinnabschnitte. Schneide ihn anschließend gemäß den Sinnabschnitten in Streifen und verteile diese auf dem Tisch. Nimm einen Streifen und präge dir die Wörter bzw. Sätze ein. Lasse den Streifen in einer Dose verschwinden. Schreibe nun die eingeprägten Wörter bzw. den eingeprägten Satz nieder und verfahre so mit allen Streifen. Nach der Niederschrift des Textes vergleiche ihn mit der Vorlage und korrigiere ihn.

■ Setze für das i jeweis die richtige Schreibweise ein.

Ein Rätselquadrat

1. Wir schreiben ___r, weil s___ Geburtstag hat.
2. Das V___ schr___, als es den R___sen sah.
3. Lokomot___ven sind r___s___ge Masch___nen, d___ auf Sch___nen fahren.
4. D___ser F___lmt___tel z___t d___ ganze Fam___lie ins K___no.
5. S___ben ___gel fl___gen n___ nach W___n.

■ Finde im Rätselquadrat 17 i-Wörter und notiere sie. Achtung: Die Wörter sind von rechts nach links, von links nach rechts, von oben nach unten und von unten nach oben zu lesen.

D	E	I	R	E	T	T	O	L	S
I	B	A	R	L	H	O	K	T	T
N	E	H	C	N	I	N	A	K	I
S	X	R	E	D	E	I	M	V	L
E	C	H	N	D	S	T	I	E	L
L	E	A	E	B	K	K	N	S	I
L	B	B	I	E	N	E	C	D	E
E	N	J	M	E	I	L	L	I	D
R	F	H	I	G	E	I	J	K	C
I	M	E	N	E	I	H	C	S	N
E	O	W	E	V	E	B	E	I	L

■ Ergänze t oder d, b oder p, g oder k. Schreibe zu allen Wörtern, die ergänzt werden müssen, die verlängerte Wortform auf.

METHODE

Verlängerungsprobe

Am Ende eines Wortes oder einer Silbe klingen die Buchstaben **b** und **p** gleich; man hört ein **P** (grob und plump). Genauso ist es bei **d** und **t**, man hört ein **T** (Geld und Welt) und bei **k** und **g**, man hört ein **K** (krank und lang).

Die **Verlängerungsprobe** hilft dir bei der Entscheidung, ob **b** oder **p**, ob **d** oder **t** oder ob **g** oder **k** geschrieben wird. Verlängere die Wörter, indem du

- bei Nomen ein verwandtes Wort oder den Plural bildest:
  der Raub/die Räu**ber**; der Abend/die Aben**de**; der Gang/die Gän**ge**
- bei Verben die 1. Person Plural bildest:
  er gibt/wir ge**ben**; er wird/wir wer**den**; ich mag/wir mö**gen**;
- bei Adjektiven eine deklinierte Form bildest:
  lieb/lie**be** (Kinder); rund/run**de** (Rahmen); lang/lan**ge** (Leitung)

Umwelt

Gib___ es auf der Wel___ einen Or___, in dem es weder zu kal___ noch zu warm ist, in dem die Luf___ gu___ und gesun___ ist? Ich kenne kein Lan___, in dem es einen solchen Or___ gib___. Meist ist es entweder zu warm oder es gibt zu viel Fros___, die Luf___ ist voller Stau___ und Gif___, sodass über der Stadt am Ta___ eine Wolke hän___t, die schwefelgel___ ist. Am Aben___ ist es nicht viel besser. Nach dem Sonnenuntergan___, der den Himmel oft blutro___ färb___, sieht man eine wahre Flu___ von Fahrzeugen, die mit ihren Abgasen die Luf___ verpesten.

Dieses ha___ man sich vor ca. 50 Jahren gefra___t. Und man hatte genu___ Verstan___ und Gel___, dort zu handeln, wo es möglich war. Dennnoch war es nicht zu spä___. Inzwischen le___t man in vielen Städten gesun___, die Stau___menge in der Luf___ wird ebenso kontrolliert wie die Gif___menge. Es ist den meisten Menschen sehr lie___, dass der Rau___bau an der Natur eingegrenzt wird, auch wenn es mancher har___ findet, für den Schutz der Umwel___ bezahlen zu müssen. Trotzdem gi___t es das eine oder andere Kin___, das kran___ wird, weil es die Stadtluf___ nicht verträ___t. Es wäre deshalb gu___, wenn man noch mehr für den Umwel___schutz macht.

■ Schreibe den Text als Laufdiktat in dein Heft. Ergänze jeweils den fehlenden Buchstaben; mache dabei in Gedanken die Verlängerungsprobe.

Der Verkäufer und der Elch *Franz Hohler*

Kennt ihr das Sprichwor___ ‚Dem Elch eine Gasmaske verkaufen'?. Das sag___ man im Nor___osten von jeman___, der sehr tüchtig ist, und ich möchte jetzt erzählen, wie es zu diesem Sprichwor___ gekommen ist. Es ga___ einmal einen Verkäufer, der war dafür berühmt, dass er allen alles verkaufen konnte. Er hatte schon einem Zahnarzt eine Zahnbürste verkauft, einem Bäcker ein Bro___ und einem Obstbauern eine Kiste Äpfel. „Ein wirklich guter Verkäufer bist du aber erst“, sagte sein Freun___ zu ihm, „wenn du einem Elch eine Gasmaske verkaufst.“ Da gin___ der Verkäufer so weit nach Norden, bis er in einen Wal___ kam, in dem nur Elche wohnten. „Guten Ta___“, sagte er zum ersten Elch, den er traf, „Sie brauchen bestimm___ eine Gasmaske.“ „Wozu?“, fragte der Elch. Die Luf___ ist gu___ hier.“

„Alle haben heutzutage eine Gasmaske“, sagte der Verkäufer. „Es tu___ mir lei___“, sagte der Elch, „aber ich brauche keine.“ „Warten Sie nur“, sagte der Verkäufer, „Sie brauchen schon noch eine.“ Und wenig später begann er mitten im Wal___, in dem nur Elche wohnten, eine Fabri___ zu bauen. „Bist du wahnsinnig?“, fragte sein Freun___. „Nein“, sagte er, „ich will nur dem Elch eine Gasmaske verkaufen.“

Als die Fabri___ fertig war, stiegen soviel giftige Abgase aus dem Schornstein, dass der Elch bal___ zum Verkäufer kam und zu ihm sagte: „Jetzt brauche ich eine Gasmaske.“ „Das ha___ ich mir gedacht“, sagte der Verkäufer und verkaufte ihm sofort eine. „Qualitätsware!“, sagte er lustig. „Die anderen Elche“, sagte der Elch, „brauchen jetzt auch Gasmasken. Hast du noch mehr?“ „Da ha___t ihr Glück“, sagte der Verkäufer, „ich habe mehr als Tausen___.“

„Übrigens“, sagte der Elch, „was machst du in deiner Fabri___?“ „Gasmasken“, sagte der Verkäufer.

(Aus: Franz Hohler. Der Granitblock im Kino. Frankfurt a.M.: Fischer 1983. [leicht geändert])

■ Setze Wörter mit ei, ai oder ay ein! Bei richtiger Lösung ergeben die eingekreisten Buchstaben eine Redewendung.

Auweia!

1. So nennt man ein Hafenufer:
2. Jägergruß:
3. Kleine Tiere, die beim Picknick stören:
4. Großstadt in Norditalien:
5. Eine Gitarre hat sechs davon:
6. Nicht mutig sondern
7. Kaum ein Krimi ohne
8. Daraus werden Kaulquappen:
9. Die Lorelei sitzt an diesem Fluss:
10. Hauptstadt von Ägypten:

11. Veralteter Begriff für „Onkel“:
12. Kleiner lichter Wald:
13. Kinder ohne Eltern:
14. Peinlich, wenn der keine Kleider anhat:
15. Daraus macht man Popcorn:
16. Bewohner eines süddeutschen Bundeslandes:
17. In dieser Stadt hört man häufig Wagnermusik:
18. Der Schneepflug pflügt eine
19. Eckenlose geometrische Figur:

Die Lösung heißt:

■ **Nicht alles, was gleich klingt, wird auch gleich geschrieben. Lies dir Zeile für Zeile durch und setze die gleich klingenden Wörter in richtiger Schreibweise ein.**

Gleichklang

Er gab mir einen guten	Rat .	Rad	fahren strengt an.
Der Reiter braucht ein	______ .	______	Hansi im Sommer an die Nordsee?
Heute zeigt das Thermometer 30	______ .	______	heißt der schmale Untergrund, auf dem wir wandeln.
Aufs Parkett legte er eine flotte	______ .	______	ist ein anderer Begriff für kochsalzhaltiges Wasser.
In einer Gerberei hängen viele	______ .	______	bin ich schon verabredet. Vielleicht morgen?
Er hat den Teufel im	______ .	______	ist eine Bezeichnung für eine Brot- oder Käseform.
Gedichttitel: Der Knabe im	______ .	______	, so wurde früher ein farbiger Mensch genannt.
Ich mache das auf meine	______ .	______	zu sein heißt, keine Eltern zu haben.
Der Bergmann arbeitet in einer	______ .	______	ist ein anderes Wort für Gesichtsausdruck.
Die Vögel zwitschern frohe	______ .	______	klappen wir über die Augäpfel.
Er hatte keine andere	______ .	______	, das ist das größte Tier im Meer.
Lecker! Das war ein fürstliches	______ .	______	den Teufel nicht an die Wand.
In den Ferien fahre ich ans	______ .	______	möchte ich dazu nicht sagen.
Für rote Grütze bracht man allerlei verschiedene	______ .	______	heißen ganz oft „Teddy“.
Es war glatt, er rutschte aus und	______ .	______	kann ich dazu nicht sagen.
Er legte jedes Wort auf eine goldene	______ .	______	bloß nicht, mir dumm zu kommen.
Kannst du bitte den Kaffee	______ .	______	wir heute ein Bild?
Nach der Schule beginnt er eine	______ .	______	doch bitte den Mülleimer aus.
Das klappt auf alle	______ .	______	von seltenen Tieren sollte man nicht tragen.

■ Im folgenden Text sind 36 Fehler enthalten. Unterstreiche die Wörter, die einen Fehler enthalten und notiere sie unter dem Text in der richtigen Schreibweise.

Computerabsturtz in der Fischbude

An Hinners Fischbude im Hamburger Haphen hing ein grosses Schilt: **„Kein Wahl, aber leckerer Al.“** Hinner war kein gewönlicher Fischverkäufer. Bei Einkauf und Ferkauf setzte er auf moderne Technick. Nachdem Hinner an der Folkshochschule einen Computerkurs absolwiert hatte, stellte er alles um. Die Bestende wurden fein säuberlig in Tabellen erfasst. Die Preise flimerten auf einem Lichtbant über dem Dach der Bude. Hinner tipte seine Angebote einfach in den Laptob. Dazu konnte er sogar stimmungsvolle Sehmannslieder vom Computer abspielen, um die Leute auf dem Markt auf sich aufmercksam zu machen. Eines Tages ereignete sich dann ein wares Kaos.. Hinners neuer Aparat wollte keine Fische verkaufen. Jedes Mahl, wenn er ihn hochfuhr, stürzte er ab. Das Leuchtband auf dem Dach blieb dunkel und die Lautsprecherbochsen blieben still. Während alle anderen Fischverkäufer schon kräftich ihre Angebote riefen, hantierte Hinner nerwös an seinem Rechner herum. Ungleubig und ohne große Hoffnung startete er immer wieder neue Versuche. Aber es klappte einfach nicht. Schliesslich wußte er sich keinen Rad mehr. Äher aus Verzweifelung als aus Überzeugung entschloss Hinner sich entlich, auf alte Verkaufstechniken zurückzugreifen und brüllte besonders laut sein agtuelles Angebot über den Markt. Am Ende des Tages war Hinner positif überrascht, da er sogar mehr als sonst verkauft hatte. Viele Kunden kamen nähmlich, nur um zu sähen, was an der Computer-Fisch-Bude den an diesem Tag los war.

■ Groß oder klein? Schreibe die Wörter in Klammern in der richtigen Schreibweise in die dazugehörigen Textlücken. Vergleiche anschließend mit deiner Nachbarin/deinem Nachbarn.

Ständig gestresst

Es ist acht Uhr ______________ (ABENDS). Seufzend schlägt Kathrin ihren Terminkalender auf. Ihr wird ______________ (ANGST UND BANGE), als sie an die ______________ (MORGIGE) Englischarbeit denkt, denn zum ______________ (LERNEN) der Vokabeln ist sie noch nicht gekommen. Ihr Terminplan ist für jeden Tag der Woche im ______________ (VORAUS) bis ins ______________ (KLEINSTE) festgelegt. Schon seit ______________ (LÄNGEREM) hat sie keine Zeit mehr, um sich mit ihrer Clique zu treffen; über ______________ (KURZ ODER LANG) werden die ______________ (ANDEREN) es ______________ (LEID) sein, ständig ______________ (ABSAGEN) von ihr zu bekommen. Kathrins Eltern meinen, dass sie selbst daran ______________ (SCHULD) sei. Am Montag geht sie zum Tennistraining, ______________ (DIENSTAGNACHMITTAGS) hat sie Klavierstunde, am ______________ (MITTWOCHABEND) lernt sie ______________ (SPANISCH) an der Volkshochschule. Heute ______________ (NACHMITTAG) führte der Betreuer ihrer Basketballmannschaft Konditionsübungen durch. Morgen ______________ (MITTAG) muss sie wie jeden Freitag nach der Schule sofort in die Stadt fahren, um rechtzeitig ins Schwimmstadion zu gelangen. Samstags und ______________ (SONNTAGS) stehen meistens Punktspiele oder Wettkämpfe auf dem Programm. Im ______________ (GROSSEN UND GANZEN) machen ihr alle Aktivitäten viel Spaß, aber zum ______________ (ERHOLEN) und ______________ (AUSRUHEN) bleibt keine Zeit mehr. Das ______________ (ERLEDIGEN) der Hausaufgaben kann erst vor dem ______________ (SCHLAFENGEHEN) stattfinden. Eine ______________ (ZEIT LANG) war sie die ______________ (BESTE) in ______________ (ENGLISCH), aber inzwischen sind ihr ______________ (SCHWEIGEN) im Unterricht und ihr blasses ______________ (AUSSEHEN) schon ______________ (VIELEN) aufgefallen.

■ Schreibe die Wörter in Klammern in der richtigen Schreibweise in die dazugehörigen Textlücken. Vergleiche anschließend mit deiner Nachbarin/deinem Nachbarn.

Endlich einsichtig

„Ich will dich nicht darüber im ______________ (UNKLAREN) lassen, dass ich mich über das ______________ (NACHLASSEN) deiner Leistungen sehr wundere", sagt Frau Lämmert nach der Rückgabe der Englischarbeit zu Kathrin. Im ______________ (ÜBRIGEN) kann ich nicht im ______________ (MINDESTEN) verstehen, weshalb du so viel ______________ (FALSCHES) in deiner Arbeit geschrieben hast. Ich hoffe, du bist dir darüber im ______________ (KLAREN), dass du mit dieser Arbeitshaltung letztlich den ______________ (KÜRZEREN) ziehen wirst. Wenn du auf eine gute Zensur ______________ (WERT) legst, musst du dafür auch ______________ (ETWAS) tun. Im ______________ (NACHHINEIN) wird dir das jetzt sicher ______________ (KLAR) sein." In der Pause geht Juliane zu Kathrin, weil sie ihr etwas ______________ (TRÖSTLICHES) sagen will. „Du bist doch nicht die ______________ (EINZIGE), die eine ______________ (FÜNF) geschrieben hat! Es gibt ______________ (SCHLIMMERES)!"

„Etwas ______________ (BESSERES) fällt dir wohl nicht ein?", erwidert Kathrin aggressiv, „deine Meinung interessiert mich nicht im ______________ (GERINGSTEN)!" Verdutzt bleibt Juliane stehen. Etwas ______________ (DERARTIGES) hat sie von Kathrin nicht erwartet, denn früher sind sie zusammen durch ______________ (DICK UND DÜNN) gegangen. So schnell gibt Juliane aber nicht auf: „Es tut mir ______________ (LEID), dass ich dir jetzt etwas ______________ (UNANGENEHMES) sagen muss, aber du hast dich sehr verändert. Früher konnten wir über alles ______________ (MÖGLICHE) miteinander reden. Merkst du eigentlich nicht, dass ______________ (NIEMAND) dein Verhalten verstehen kann?"

„Du hast ja ______________ (RECHT)", erwidert Kathrin zerknirscht, „es ist wohl das ______________ (KLÜGSTE), wenn ich ein ______________ (PAAR) meiner Hobbys aufgebe. Das ständige ______________ (ABHETZEN) ist mir sowieso schon längst ______________ (ZU VIEL) geworden. Aber am ______________ (SCHLIMMSTEN) war, dass ich mich mit euch ______________ (ALLEN) nicht mehr treffen konnte!"

■ Ergänze die Sätze; markiere dabei die Nomensignale.

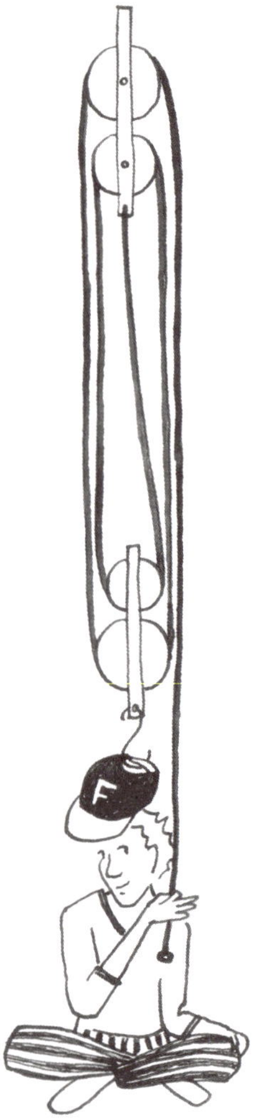

INFO

Verben werden zu Nomen und mit großem Anfangsbuchstaben geschrieben, wenn sich ein **Nomensignal** ausschließlich auf das gemeinte Verb bezieht.

das Laufen (**W**andern, **L**ernen ...)	**das** langsame **L**aufen
beim (bei dem) **T**anzen (**S**chreiben, **L**esen ...)	**beim** intensiven **T**anzen
kein Klagen (**J**ammern, **N**örgeln, **L**achen ...)	**kein** lautes **K**lagen
sein Rufen/**ihr R**ufen (**K**lopfen, **B**edauern ...)	**sein/ihr** lautes **R**ufen
leises Singen (**L**achen, **H**usten, **S**prechen ...)	**leises S**ingen

rechnen	Der Mathematiklehrer erwartete genaues ________ .
lesen	Beim intensiven ________ merkten wir gar nicht, wie schnell die Zeit verging.
laufen, wandern	Das langsame ________ strengte sie mehr an als zügiges ________ .
jammern, klagen	Obwohl sein Zahn schmerzte, hörte man kein ________ und kein ________ .
rufen, klopfen	Sein lautes ________ hörte man ebenso wenig wie ihr lautes ________ .
flüstern, lachen	Im Flur hörten wir leises ________ und leises ________ .
tanzen, singen	Ihr ausgelassenes ________ und ________ bereitete allen große Freude.
kochen, putzen	Er wollte sich beim ________ nicht helfen lassen, beim ________ schon.

■ Lies den folgenden Text. Markiere beim zweiten Lesen die Nomensignale und das zu ihnen gehörende nominalisierte Verb. Vergleiche mit deinem Partner, ob du alle Stellen gefunden hast.

■ Unterstreiche nun alle anderen Nomen. Schreibe den Text in richtiger Groß- und Kleinschreibung in dein Heft.

Archimedes erfand den Flaschenzug

ein flaschenzug ist kein zug zum transportieren von flaschen, der flaschenzug ist eine vorrichtung, die das heben von lasten erheblich erleichtert. will man eine last z. b. mit einem seil 80 cm hochziehen, dann muss man beim ziehen mit dem flaschenzug ein viel längeres seil einplanen. das reduzieren der kraft, die man zum anheben benötigt, ist abhängig von der anzahl der flaschenzug-rollen, über die das Seil zum hochziehen geführt wird. beim benutzen von z. b. vier rollen, reduziert sich das gewicht auf ein viertel, allerdings wird das seil um ein vierfaches länger.

moderne baukräne nutzen beim transportieren das prinzip flaschenzug. dieser ist in den schwenkbaren auslegern des krans eingebaut. das verringern des gewichtes durch einen flachenzug mit vielen rollen macht das anheben, das transportieren und das zielgenaue absetzen der lasten möglich.

das verlängern des seils ermöglicht also das verringern der benötigten kraft. dieses geschieht auch beim bergauffahren mit dem fahrrad. durch das fahren von schlangenlinien wird die strecke zwar länger, aber das treten der pedale fällt einem leichter.

■ Setze die fehlenden Anfangsbuchstaben ein und entscheide, ob sie groß- oder kleingeschrieben werden müssen.

Nach der Show

Am ___onntagmorgen unterhalten sich Jessica und Cosima am Telefon über die ___eueste Folge der Casting-Show:

Jessica: Der ___übscheste war ___estern ___bend der ___anghaarige mit dem Stirnband, er hatte so ein ___üßes ___ächeln. Schade, dass er beim ___ächsten ___al nicht mehr ___abei sein wird.

Cosima: Sprichst du etwa von dem ___lond ___elockten, der als ___ritter aufgetreten ist? Sein ___uietschen und ___uaken kann man wohl nicht als ___esang bezeichnen, etwas ___chlechteres habe ich noch ___ie gehört! Außerdem hat er ___weimal den Text vergessen. Er ist zu ___echt ausgeschieden. Du solltest nicht nur auf das ___ußere achten! Am ___esten gefiel mir der ___eheimnisvolle ___unkelhaarige, der als ___etzter vor die Jury trat. Seine tiefe Stimme hatte etwas ___esonderes!

Jessica: Der ___lasse ___ünne? Das meinst du doch wohl nicht im ___rnst? Okay, er hat ein ___aar Töne getroffen, aber sein ___uftritt war am ___angweiligsten. Er stand so steif vor der Jury, als ob er ein ___ineal verschluckt hätte. Auf die Fragen nach seiner ___ieblingsmusik und seinen ___obbys antwortete er mit einem unverständlichen ___urmeln und wurde dabei auch noch ___ot wie eine Tomate. Über ___urz oder ___ang wird er sowieso die Heimreise antreten müssen, da bin ich mir ___icher.

Cosima: Ich kann nicht im ___eringsten verstehen, dass du dich immer über die ___chüchternen ___ustig machen musst! Es ist ganz klar, dass er der ___este Sänger von ___llen war! Aber lassen wir das ___treiten, ich denke ___arüber eben ___nders als du. Wie gefielen dir die Outfits der Frauen? Am ___legantesten war sicher die ___roße ___londe im ___chwarzen ___bendkleid.

Jessica: Nun sind wir wieder ___iner Meinung! Cool war auch der Anzug in ___ink und ___elb, den die ___itzige ___panierin trug. Nun muss ich aber ___uflegen, meine Eltern wollen ___eute ___ittag mit mir ___ssen gehen. Also tschüss und bis ___orgen in der Schule!

INFO

Anredepronomen werden großgeschrieben, wenn die angesprochene Person bzw. die angesprochenen Personen **gesiezt** werden.

■ Setze ein; prüfe genau, welche Pronomen als Anredepronomen großgeschrieben werden müssen.

SIE – IHNEN – IHRE – SIE – IHREN – SIE – SIE – SIE – IHNEN – SIE –SIE – SIE – IHNEN – SIE

Vielen Dank, dass ______ mich das fragen. Glücklicherweise geht es ______ allen sehr gut. Aber was machen ______ Söhne; ______ studieren doch auf ______ Rat hin in Peking. Haben ______ ______ dort schon einmal besucht? Wenn ______ mit ______ sprechen, dann grüßen ______ ______ doch bitte ganz herzlich. Sagen ______ ______ bitte, dass ich oft an ______ denke.

■ Vergleiche die Lösung mit deinem Tischnachbarn/deiner Tischnachbarin; besprecht eure Abweichungen und klärt, was richtig ist.

Tipp: Achte besonders darauf, dass du in Briefen das Anredepronomen großschreibst, wenn du die angeschriebene Person normalerweise mit **„Sie“** ansprichst.
Das Anredepronomen „du“ kannst **du** in Briefen mit kleinem oder mit großem Anfangsbuchstaben schreiben – beides ist richtig. Du solltest dich aber für eine Schreibweise entscheiden und nicht im gleichen Brief mal „Du“ und mal „du“ schreiben.

Lieber Claus,
wie geht es **dir** und **deinen** Eltern.
Ich habe leider lange nichts mehr von **dir** gehört. Hast **du** nicht Lust, **dich** bei mir zu melden?
*Viele Grüße von **deiner** Karina*

Lieber Claus,
wie geht es **Dir** und **Deinen** Eltern.
Ich habe leider lange nichts mehr von **Dir** gehört. Hast **Du** nicht Lust, **Dich** bei mir zu melden?
*Viele Grüße von **Deiner** Karina*

■ Setze in den nachfolgenden Text das passende Pronomen ein. Achte darauf, wann es ein Anredepronomen ist und bedenke, dass sich die Personen siezen.

Jagd auf den Bücherdieb *John Miller*

Inspektor Carter sah sich in der großen Bibliothek der Universität um. Es herrschte angenehme Stille. Die Studenten arbeiteten konzentriert an ______ Plätzen.

„Kommen ______“, flüsterte der Bibliotheksdirektor Jonesey dem Inspektor zu, „______ gehen mit mir hinunter in den Keller.“

Im Untergeschoss des Gebäudes befand sich ein Saal voller Bücher – das Archiv. Alte Folianten, das sind schwere in Leder gebundene Bücher, lagerten auf besonderen Regalen.

„Wissen _____, zu diesem Raum haben nur ich und zwei meiner Mitarbeiter Zugang", sagte Jonesey. „Ich muss _____ noch sagen, dass die Bücher hier fast drei Millionen Pfund[1] wert sind. Wenn _____ _____ verkauften, würde jedes einzelne von _____ auf einer Auktion bei Liebhabern mehr als 5000 Pfund bringen.

Niemand darf Bücher aus dem Archiv mitnehmen. Und doch sind im letzten halben Jahr sieben wertvolle Exemplare verschwunden."

Er zeigte Carter ein Regal, an dem eine knapp 40 Zentimeter hohe Trittleiter aus Metall stand. „Ich muss _____ gestehen, dass ich den letzten Diebstahl nur bemerkt habe, weil diese kleine Leiter hier stand. Auf dem obersten Brett haben wir den „Schottischen Codex" verwahrt, ein Gesetzbuch aus dem 17. Jahrhundert."

Carter stieg auf die Trittleiter, um das Regalbrett in knapp zwei Metern Höhe zu untersuchen. Außer einer dünnen Staubschicht, in der sich noch Umrisse des Buches abzeichneten, entdeckte er nichts.

„Als Dieb kommen nur Mister Leroy, mein Stellvertreter, und Mister Baxter, unser Hausmeister, in Frage", erklärte Jonesey. Es klopfte an die Tür. „Da kommen _____, ich habe _____ unter einem Vorwand hergebeten", sagte Jonesey und öffnete _____ die Tür.

Bill Baxter, der Hausmeister, war ein vierschrötiger[2] Kerl von fast zwei Metern Größe, der ungeduldig mit seinem gigantischen Schlüsselbund herumwirbelte. „Warum haben _____ mich bestellt?", knurrte er Jonesey an. „Ich habe noch anderes zu tun, das müssten _____ doch wissen."

Mister Leroy, ein kleiner Mann, der Carter kaum bis an die Schulter reichte, sah sich im Raum um. „Vermissen _____ wieder eins _____ Bücher, Mister Jonesey?", fragt er. Jonesey nickte. „Der Schottische Codex."

„Weil _____ _____ Kram hier nicht in Ordnung halten", polterte der Hausmeister den Bibliotheksdirektor an.

„Baxter, _____ können gehen", sagte Carter zu ihm. „Aber _____, Mister Leroy, sollten hier bleiben, denn _____ haben das Buch gestohlen."

Was war Carter aufgefallen?

[1] 1 engl. Pfund = ca. 1,80 €

[2] vierschrötig = stämmig

(Aus: Prisma. Wochenmagazin zur Zeitung. Prisma-Verlag GmbH & Co. KG, Stolkgasse 25–45, 50667 Köln.)

Lösung des Falls

Der Hausmeister war fast zwei Meter groß. Er hätte keine Trittleiter gebraucht, um das Buch vom obersten Regalbrett zu holen. Mister Leroy, der kleiner als Carter ist, brauchte allerdings dieses Hilfsmittel.

■ Frau Jux hat die Groß- und Kleinschreibung der Pronomen durcheinandergebracht. Übertrage den Brief in der richtigen Schreibweise in dein Heft.

Von Frau Jux an Herrn Fuchs

Sehr geehrter Herr Fuchs,

vielen Dank für ihren Brief, den mir Julian und Justin heute gegeben haben. Mich wundert sehr, dass sie mit dem Verhalten meiner Zwillinge unzufrieden sind. Zu Hause sind Sie jedenfalls immer ganz brav. Ich kann mir gar nicht vorstellen, dass Sie den Unterricht stören und Ihre Nachbarn ablenken.
Es sollte sie, lieber Herr Fuchs, doch freuen, wenn ihre Schüler sich so gern miteinander unterhalten. Es stört doch viel mehr, wenn sie die armen Jungen dauernd ermahnen.
Auch ihre Beschwerde über unerledigte Aufgaben ist völlig grundlos, denn meine Söhne haben mir gesagt, dass Sie fast nie Hausaufgaben bekommen. Beim Mittagessen erzählen Sie mir immer alles über den Vormittag, und ich glaube den beiden natürlich und kontrolliere Sie nie.
Es müsste ihnen und ihren Kollegen doch einleuchten, dass die Jungen nachmittags lieber Fußball spielen, anstatt für Klassenarbeiten zu lernen. Darum sollten sie Ihnen auch nicht so schlechte Zensuren geben! Ich schlage ihnen vor, allen Kindern nur gute Noten zu erteilen. Dann werden Sie immer versetzt, und sie müssen keine Briefe an die Eltern schreiben.

Herzlich grüßt sie
Johanna Jux

■ Hier ist mehreres zu beachten: Aus den Länderkennzeichen musst du das Land sowie das entsprechende Adjektiv in der zum Satz passenden grammatischen Form ableiten können, die Ziffern sollen als Zahlwörter geschrieben werden. Achte auf die Groß- oder Kleinschreibung!

International

1. Heute haben wir auf der Autobahn 5 ______________ Wohnwagen mit (DK) ______________ Länderkennzeichen überholt.
2. Die Amtssprachen der (CH) ______________ sind (D) ______________, (F) ______________ und (I) ______________. Es gibt auch eine 4. ______________ Nationalsprache, nämlich Rätoromanisch.
3. Arthur hat die (D) ______________ Staatsangehörigkeit. Wenn er seine Großeltern in (P) ______________ besucht, unterhält er sich mit ihnen auf (P) ______________.
4. Wenn du im Fach (GB) ______________ eine 2 ______________ bekommen möchtest, musst du dich häufiger beteiligen. Wer die (GB) ______________ Sprache beherrscht, kann sich fast überall verständigen.
5. Während unseres Urlaubs in (F) ______________ hat mein Vater mit den Bewohnern des kleinen Dorfes Boule gespielt. Da ich eine 1 ______________ in (F) ______________ habe, konnte ich ganz gut dolmetschen.
6. In diesem Jahr werden wir unseren Urlaub in der (TR) ______________ verbringen; unsere (TR) ______________ Nachbarn haben uns schon viel über dieses Land erzählt. Zu ihrer Silberhochzeit kamen über 100 ______________ Gäste.
7. Unser (E) ______________ Gastschüler ist 3. ______________ bei den Schulmeisterschaften im Triathlon geworden. Morgen Vormittag um 11 ______________ fliegt er wieder in seine Heimat.
8. Meine Großmutter, die schon über 80 ______________ Jahre alt ist, verreist sehr gern, am liebsten nach (A) ______________.
9. Einmal im Jahr besuche ich meine Cousins in (S) ______________; zwar verstehe ich nur wenig (S) ______________, aber wir 3 ______________ haben trotzdem immer viel Spaß beim Segeln und Angeln.

■ Ergänze die Geschichte inhaltlich passend durch die in Großbuchstaben aufgeführten Ausdrücke. Beachte die Groß- und Kleinschreibung. Vergleicht anschließend eure Ergebnisse und diktiert euch den Text in Abschnitten als Partnerdiktate (s. S. 6).

Ach und Krach

Nach langem ______________ fanden Hanni von Hohenfels und Dietmar von Dummersberg endlich zueinander . Über ______________ war das zwar zu erwarten, aber das Happyend wurde immer wieder hinausgezögert. Nach vierhundert Folgen durften die Anhänger der Serie schließlich erleichtert aufatmen.

Zu dem rauschenden Hochzeitsfest auf Schloss Hohenfels wurden ______________ , ______________ eingeladen.

Von ______________ reisten die Gäste an, die größtenteils von stolz lächelnden Statisten dargestellt wurden.

Hanni schwankte lange Zeit zwischen dem gutherzigen Dietmar und Fred von Frechenstolz. Die Zuschauer waren natürlich immer bestens über die Hintergründe informiert und konnten ______________ genau voneinander unterscheiden. Nur die arme Hanni ahnte nicht, dass der fiese Fred ausschließlich an ihrem Vermögen interessiert war.

Sehr geschickt schmeichelte er sich bei ihr ein und umwarb sie auf das Eifrigste. Dass er sein ganzes ______________ beim Roulette verspielt hatte, wusste nur Frieda von Frechenstolz, die voller ______________ eine Verbindung ihres Sohnes mit Hanni erzwingen wollte und böse Lügen über Dietmar verbreitete.

Als Freds Werben immer drängender wurde, lag Hanni nächtelang wach und bewegte das ______________ einer Ehe mit Fred in ihrem Herzen. Von ______________ suchte sie nach einer Lösung. Es gab ______________ keinen Menschen, dem sie vertrauen konnte, alles erschien ihr ______________ .

Nach unzähligen Verwicklungen, die die Fans gebannt vor dem Fernseher verfolgten, entdeckte Dietmar zufällig Friedas Tagebuch und konnte Hanni die Wahrheit ______________ präsentieren. „Nur das ______________ zählt, von nun an gehen wir gemeinsam durch ______________ ", versprach Hanni ihrem Dietmar vor dem Traualtar. Zum Schluss wurde allen noch einmal ______________ , denn der tobende Fred schickte sich an, das wertvolle Mobiliar im Hochzeitssaal ______________ zu schlagen. Glücklicherweise konnten Dietmars kräftige Brüder dies gerade noch verhindern.

HIER UND JETZT – NAH UND FERN – WEIT UND BREIT – SCHWARZ AUF WEISS – GRAU IN GRAU – HAB UND GUT – HIN UND HER – FÜR UND WIDER – KURZ ODER LANG – DICK UND DÜNN – LIST UND TÜCKE – KURZ UND KLEIN – JUNG UND ALT – GUT UND BÖSE – FRÜH BIS SPÄT – ANGST UND BANGE – ARM UND REICH

■ Füge die in der Wortschlange enthaltenen Angaben in der richtigen Groß- und Kleinschreibung ein.

gestern abend – heute morgen – mitten in der nacht – mittag – freitagmittag – frühmorgens – freitags – gestern morgen – montag – freitag – montagvormittag – donnerstags – abend – nachmittags – nachts – folgenden tag – vorgestern nachmittag – morgen – samstagabends – heutigen freitag

Ein eiskalter Morgen

Als ich ______________________ meinen Wecker stellte, war ich davon überzeugt, dass ich ______________________ pünktlich aufstehen und ohne Stress in den Tag starten könnte. Ich weiß noch, dass ich ______________________ vom Wochenende träumte und daraufhin kurz, aber freudig erwachte. Ich muss in meinem schläfrigen Glücksgefühl den Wecker ausgeschaltet haben, denn als ich das nächste Mal auf die Uhr blickte, war es schon fast ______________________, allerdings ______________________

Oh Schreck, drei Schulstunden hatte ich bereits verpasst. Meine Eltern waren ______________ zur Arbeit gegangen. Schnell sprang ich aus den Federn und dabei fiel mir ein, dass wir ______________ in der vierten Stunde Mathematik bei unserer Direktorin hatten.

Mathematik? Da war doch etwas? Oh nein, die Klassenarbeit! Frau Bären-Stark hatte uns ______________ mitgeteilt, dass die für ______________ angekündigte Arbeit auf ______________ vorverlegt werden müsste, weil am ______________ eine Konferenz der Schulleiter stattfände. Das hatte ich völlig vergessen, denn ______________ spiele ich Handball und fahre immer gleich nach der Schule zum Verein. Am ______________ hatten wir noch eine Vereinssitzung, jeder Gedanke an die Mathearbeit war aus-gelöscht. Na, das konnte ja heiter werden! Übrigens hat Frau Bären-Stark die unangenehme Angewohnheit, zu spät kommende Schülerinnen und Schüler ______________ in ihr Bürozimmer zu bestellen und ihnen komplizierte Sonderaufgaben zu erteilen, an denen man dann bis ______________ knobeln kann, da am ______________ die Lösungen abgegeben werden müssen. Natürlich vergisst sie nie, die Eltern zu informieren. Schon ______________ hatte ich mich für ______________ mit meinen Freunden verabredet, denn ______________ gehen wir gern ins Kino.

Das konnte ich nun wohl streichen. Mit der Nase im Mathebuch, ungewaschen, ohne Jacke und ohne Frühstück rannte ich also aus dem Haus und rutschte sofort auf dem spiegelglatten Gehweg aus. Mühsam rappelte ich mich hoch: Es regnete auf den gefrorenen Boden. Den kurzen Fussweg zur Schule hätte ich mit Schlittschuhen besser bewältigen können. Alles war merkwürdig ruhig, als ich endlich ankam. Da sah ich auch schon das Schild an der Eingangstür:

> Wegen der Witterungsverhältnisse fällt am ______________ der Unterricht für die Klassen 5–10 aus.

■ Vervollständige die Sätze durch die passenden Wörter, die unten rückwärts geschrieben sind. In jeden Satz muss das entsprechende Wort einmal mit großem, einmal mit kleinem Anfangsbuchstaben eingefügt werden.

Dank oder dank?

1. Das nette ________________ hatte noch ein ________________ Fragen.
2. Im ________________ zeigen wir zu diesem Thema einen Beitrag unseres Korrespondenten, alle ________________ Sendungen verschieben sich um fünfzehn Minuten.
3. Des ________________ wurde berichtet, dass alle ________________ Entscheidungen vertagt werden mussten.
4. Du hast alle ________________ Gesichtspunkte erwähnt; ich bin im ________________ deiner Meinung.
5. Wir fangen am ________________ endlich an zu lernen, oder willst du etwa noch mehr alberne Witze zum ________________ geben?
6. Warum bist du so ________________? Das war doch nur ein Scherz, ich meinte das doch nicht im ________________!
7. Nachdem er ihr sein ________________ geklagt hatte, sagte sie kühl: „Es tut mir ________________, aber ich kann Ihnen auch nicht weiterhelfen."
8. Mit Wonne verspeiste Onkel Karl ________________ Würstchen und ließ alle Gedanken an seine Figur außer ________________.
9. Wenn wir auf dem ________________ bleiben wollen, müssen wir die Ausgaben des ________________ Monats überprüfen.
10. Im ________________ bitte ich Sie, alle ________________ Kopien zurückzugeben.
11. Mich trifft keine ________________, die anderen sind an allem ________________!
12. Meine Eltern haben ein ________________ Auto, ansonsten kann ich dir nichts ________________ erzählen.
13. Alles wandte sich zum ________________, weil er ihr einen ________________ Rat gegeben hatte.
14. Ich habe den Job ________________ deiner Hilfe bekommen, nochmals vielen ________________!

dluhcs – nehciltnesew – seuen – nednegl of – tsnre – nednefual – raap – knad – netug – netseb – diel – negirbü – thca – neretiew

■ Diktier dir den Text als Eigendiktat.

05.06.2037

Wie jeden Morgen wurde Ben von der sanften Stimme seines Notebooks geweckt: „Es ist neun Uhr vierzig. Guten Morgen, lieber Ben!“ „Ja, ist schon gut“, murmelte Ben und drehte sich noch einmal um. Er wusste allerdings, dass es unmöglich war, wieder einzuschlafen. Die Tür öffnete sich und ein Roboter trat ein. „Ach Otto, lass mich doch noch ein bisschen in Ruhe“, stöhnte Ben. „Kakao und Brötchen sind pünktlich fertig, der Unterricht beginnt in zwanzig Minuten“, sagte Otto, ohne auf Bens Bemerkung einzugehen. Schon wurde Bens Luftkissen automatisch hochgeklappt, sodass er aufrecht im Bett saß. Mit einer etwas ruckartigen Bewegung stellte Otto das Tablett vor Ben ab. Otto musste dringend zur Inspektion, in letzter Zeit hatte er Schwierigkeiten mit der Motorik. Beim Frühstücken rief Ben das Tagesprogramm auf. Biologie in der ersten Stunde, danach Geschichte. Anschließend stand eine Videokonferenz auf dem Plan, denn die Lehrerin wollte mit allen die Klassenreise nach Kanada besprechen. Ben wäre zwar lieber zum Mond oder zum Mars geflogen, aber das wurde nur für die Schülerinnen und Schüler der Oberstufe angeboten. „Otto, bring mir meine Jeans und das blaue Hemd“, rief Ben. „Die Kleidung liegt im Bad, du musst vorher duschen und die Zähne putzen“, antwortete Otto in seiner abgehackten Sprechweise. Leider ließ sich Otto nicht überlisten, Bens Mutter hatte beim Programmieren an alles gedacht. Einige Minuten später saß Ben wieder vor dem Bildschirm, auf dem Fotos einiger Pflanzen mit Beschreibungen auftauchten. Nachdem er alles gelesen und zehn von zwanzig Aufgaben bearbeitet hatte, schickte er seine Antwort ab. Danach wollte er schnell eine Nachricht an seinen englischen Freund in den Computer sprechen, obwohl er genau wusste, dass dies während des Unterrichts verboten war. Kaum hatte er die entsprechende Taste gedrückt, erschien das Gesicht seines Biologielehrers auf dem Bildschirm. „Ben erhält zwanzig weitere Aufgaben wegen unerlaubten Entfernens vom Unterricht. Die Nachricht erscheint zeitgleich auf allen Monitoren im Haus der Familie.“ Ben runzelte die Stirn. Nun hatte seine Schwester wieder einen Grund, sich über ihn lustig zu machen. Im selben Moment erklang ihr Lachen aus dem Nebenzimmer. Kurz darauf öffnete Bens Vater die Tür. „Heute Nachmittag fliegst du nicht nach London, das ist dir ja wohl klar“, sagte er energisch, „außerdem helfe ich dir nicht bei deinem Aufsatz in Geschichte. Du musst nun allein herausfinden, wie die Jugendlichen vor dreißig Jahren gelebt haben!“

METHODE

Eigendiktat
Du kannst auch allein mit Hilfe eines Eigendiktats üben: Sprich den Text zunächst auf Band. Schreibe anschließend den Text nach Diktat vom Band. Wähle beim Sprechen ein Tempo, dem du gut beim Schreiben folgen kannst. Sonst hast du auch die Möglichkeit, mit der Pause-Funktion zu arbeiten oder zurückzuspulen.

■ Lies dir den Info-Kasten genau durch und ergänze die jeweils richtige Form. In welchen Fällen ist eine Zusammenschreibung möglich? Begründe.

INFO

Wortgruppen werden immer getrennt geschrieben. Dazu gehören:
– Verbindungen mit dem Hilfsverb **sein**, z. B. *los sein*
– Verbindungen aus **zwei Verben**, z. B. *baden gehen*
Etwas Besonderes: Verbindungen aus einem **Verb** + **bleiben** oder einem **Verb** + **lassen** und **kennen** + **lernen** können auch zusammengeschrieben werden, wenn sie in übertragener Bedeutung verwendet werden.

Benni will nicht sitzenbleiben

Benni hat sich in der letzten Zeit in der Schule ziemlich ____________ (hängen/lassen). Aus diesem Grund sind seine Noten stark abgerutscht. Damit kann wirklich niemand ____________ (zufrieden/sein). Benni will aber zum Ende des Schuljahres nicht ____________ (sitzen/bleiben). Deshalb wird es ____________ (vonnöten/sein), genau zu überlegen, was er von seinen Hobbys ____________ (sausen/lassen) kann. Es kann sein, dass einige seiner Freunde ihm ____________ (gram/sein) werden; diese muss er dann leider links ____________ (liegen/lassen), denn die sollen es nicht ____________ (schuld/sein), dass er die Versetzung nicht schafft.

Bennis Eltern wollen einen Studienrat als Nachhilfelehrer ____________ (kommen/lassen), allerdings ist Benni strikt dagegen. Um seine Eltern nicht zu verärgern, will er ihnen einen Gefallen tun und den Lehrer zumindest ____________ (kennen/lernen), obwohl er ihn am liebsten sofort ____________ (los/sein) würde.

Seinen Eltern wird es nicht ____________ (recht/sein), wenn er den Nachhilfelehrer ablehnt. Ihm selbst aber ____________ (angst und bange/sein) bei der Vorstellung, auch seine Nachmittage mit einem Lehrer zu verbringen. Benni meint, dass er auch alleine so gut lernen kann, dass genug ____________ (haften/bleiben) und sich seine Noten verbessern. Sollte er wirklich einmal bei irgendwelchen Aufgaben ____________ (stecken/bleiben), dann kann er ja auch einen guten Klassenkameraden um Hilfe bitten.

■ Lest euch den Info-Kasten genau durch. Diktiert euch die nachfolgenden Texte abschnittsweise als Partnerdiktate (s. S. 6). Unterstreicht im Anschluss die Verbindungen aus Adjektiv und Verb bzw. Partikel und Verb und erläutert dem Partner/der Partnerin die Schreibweise.

INFO

Verbindungen aus Adjektiv und Verb müssen zusammengeschrieben werden, wenn sie eine neue, feststehende Gesamtbedeutung bilden.
Beispiele: **rot**sehen *(wütend werden; man sieht nicht die Farbe rot)*
fertigmachen *(beleidigen, demütigen; man hat nicht etwas beendet)*

Partikel und Verb werden zusammengeschrieben, wenn die Betonung auf dem Partikel liegt.
Beispiele: **dabei**sitzen
rückwärtsfahren

Benni sieht rot

Carina und Benni waren sich vor ein paar Tagen nähergekommen, sie waren jetzt richtig miteinander befreundet. Doch heute hatte sich Carina über Benni tierisch aufgeregt. Das war ihr zwar schwergefallen, aber sie war auf ihn sehr sauer, denn er hatte sich richtig gehenlassen. Eigentlich sollte ihr das egal sein, denn er hatte sich ja blamiert.
Das war passiert: Marcus hatte Benni beim Schachspiel mattgesetzt. Das konnte er nicht verkraften. Er fühlte sich fertiggemacht und hatte deshalb rotgesehen und in seiner Wut alle Figuren vom Schachbrett gefegt. Carina konnte ihn nicht von Schuld freisprechen, denn so ein Benehmen war unverzeihlich. Carina wollte, dass sich Benni bei Marcus entschuldigt. Bei der Diskussion darüber haben sie sich die Köpfe heißgeredet. Jetzt fühlte sich Benni auch noch von Carina fertiggemacht.
Dabei wollte sie ihn einfach nur überzeugen, sie hatte gar nicht die Absicht, ihn weichzuklopfen. Wie konnte das alles nur so schiefgehen?

Benni sieht klar

Benni hat sich wieder beruhigt. Er kann jetzt gar nicht verstehen, warum er mit Marcus wegen eines verlorenen Spieles so aneinandergeraten ist. Und es tut ihm leid, dass er Carina so schlechte Absichten unterstellt hat. Als er in Gedanken all seine dummen Aktionen zusammenträgt, steigt ihm die Schamesröte ins Gesicht. Wie kann er das bloß in Ordnung bringen? Er ruft Carina an und will sich mit ihr treffen. Sie will aber lieber daheimbleiben. Also murmelt er eine Entschuldigung ins Telefon. Carina merkt richtig, wie peinlich ihm sein Verhalten nachträglich ist. Für Benni ist es gar nicht so einfach, die richtigen Worte zusammenzubekommen – und Carina kann ihm auch nicht mehr böse sein.

■ Entscheide, ob die hinter der Linie stehenden Wörter getrennt oder zusammengeschrieben werden und schreibe sie in der richtigen Form auf die Linie. Achte auch auf die Groß- und Kleinschreibung.

Schamunzel (Teil 1)

Es war einmal ein ______________ (WUNDERSCHÖNES, BLONDGELOCKTES) Mädchen. Obwohl sie von einer ______________ (BITTERBÖSEN) Zauberin in einem hohen Turm ______________ (GEFANGENGEHALTEN) wurde, war sie immer ______________ (GUTGELAUNT), weshalb sie von ihrer Bewacherin Schamunzel genannt wurde. Ihr Gefängnis lag in einem ______________ (ABGELEGENEN) Wald und hatte weder Türen noch Treppen, ______________ (SODASS) das Mädchen nie einen Friseur besuchen konnte und ______________ ______________ (INFOLGEDESSEN METERLANGE) Haare besaß. ______________ (ANSONSTEN) wurde sie jedoch ______________ (GUTVERSORGT). Jeden ______________ (DIENSTAGMORGEN) ließ Schamunzel einen Korb aus dem Turmfenster, die Zauberin legte das ______________ (LEBENSNOTWENDIGE) hinein und Schamunzel zog ihre Verpflegung zu sich herauf. Manchmal legte ihre Wärterin auch die jede Woche ______________ (NEUERSCHEINENDE) Zeitschrift „Frau im Kochtopf" auf das ______________ (FRISCHGEBACKENE) Brot, die ______________ (HARTGEKOCHTEN) Eier und die ______________ (BLANKPOLIERTEN) Äpfel. In dem ______________ (WEITVERBREITETEN) Heft konnte sich ihr Schützling über die neue ______________ (BLAUGESTREIFTE) Sommermode informieren oder etwas über ______________ (NEUZUSAMMENGESTELLTE) Diäten lesen.

Eines Tages verirrte sich ein Prinz in dem ______________ (FURCHTERREGEND) großen Wald. Schon aus der Ferne hörte er einen ______________ (HERZZERREISSENDEN) Gesang. ______________ (AUSSERSTANDE), dem zuckersüßen Lied zu entkommen, folgte der ______________ (ZUDEM) neugierige Königssohn den ______________ (AUSSERGEWÖHNLICHEN) Klängen. Ohne ______________ (HALTZUMACHEN) streifte er durch das ______________ (DÜNNBESIEDELTE) Gebiet mit den ______________ (WILDLEBENDEN) Tieren. ______________ (GENAUGENOMMEN) raste er ohne sich ______________ (UMZUSCHAUEN) mit seinem ______________ (SCHECKIGBRAUNEN) treuen Pferdchen durch den ______________ (DUNKELGRÜNEN) Forst.

■ Entscheide, ob die hinter der Linie stehenden Wörter zusammen oder getrennt geschrieben werden und schreibe sie in der richtigen Form auf die Linien. Achte auch auf die Groß- und Kleinschreibung.

Schamunzel (Teil 2)

Einige Male verfing sich sein ____________ (QUERGESTREIFTER) Schal im Dornengestrüpp, da er nicht gewöhnt war zu reiten, sondern lieber ____________ (RADFUHR). ____________ (JEMEHR) er sich bemühte, sich zu befreien, ____________ (UMSOMEHR) verfing sich sein Halswärmer im Geäst. ____________ (KOPFSCHÜTTELND) sah sein ____________ (PECHSCHWARZER) Hengst seinem Treiben zu. ____________ (NACHDEM) sich der ungeschickte Prinz befreit und seine Kleidung wieder ____________ (INSTAND) gesetzt hatte, schwang er sich auf den Rücken seines Gefährten. Endlich, nach ____________ (STUNDENLANGER) Suche, hatte er den Ursprung der ____________ (WOHLKLINGENDEN) Melodie gefunden. In ihrem Turm saß Schamunzel am ____________ (WEITGEÖFFNETEN) Fenster und schmetterte, was das Zeug hielt. Da der Königssohn viele ____________ (LEHRREICHE) Märchen gelesen hatte, wusste er, was ____________ (IMFOLGENDEN) zu tun war und er rief: „Schamunzel, Schamunzel, schmeiß mir dein Haar herunter!" Schamunzel beugte sich vor Schreck ____________ (BESORGNISERREGEND) weit aus ihrem Fenster, hatte sie doch nicht mehr daran geglaubt, jemals ____________ (IRGENDEINEN) anderen Menschen als die Zauberin ____________ (KENNENZULERNEN). ____________ (DESSENUNGEACHTET) nahm sie sich die Aufforderung ____________ ____________ (VERTRAUENSVOLL ZUHERZEN) und ließ ihre ____________ (FRISCHGEWASCHENEN) Zöpfe zu dem Prinzen hinunter. Als dieser jedoch versuchte, an Schamunzels Haaren ____________ (HOCHZUKLETTERN), gab es einen ____________ (GRAUENERREGENDEN) Knall und der junge Mann fand sich auf seinen ____________ (GUTGEPOLSTERTEN) vier Buchstaben wieder.

Und die ____________ (ERNSTZUNEHMENDE) Moral von der Geschichte: Hätte Schamunzel das ____________ (FUNKELNAGELNEUE) Haarpflegemittel „Walle Walle" für ____________ (ALLERHÖCHSTE) Belastungen benutzt, hätte die Geschichte ____________ (HÖCHSTWAHRSCHEINLICH) romantischer geendet.

■ Kombiniere je ein Wort aus der linken Spalte mit einem Wort aus der rechten Spalte sinnvoll. Entscheide, ob die Ausdrücke zusammen oder getrennt, groß- oder kleingeschrieben werden und setze sie in den unten stehenden Text ein.

Herzdings?

BESSER	TRÄNEN	EINANDER	FÜHRENDE
AUFSICHT	HERZ	HIN	STANDE
FERTIG	WEITER	ERWEICHEND	GEHEN
HAND	ZURÜCK	LERNEN	BRINGEN
AUSSER	NEUER	ERSTICKTER	GEBRANNT
KENNEN	DURCH	DINGS	
BRAUN	KOMMEN	VOLL	

1. Er hatte nur eine ______________ Münzen in der Tasche.
2. In dieser Pause ist Dr. Vogel der ______________ Lehrer.
3. Lilo sah sich ______________ die Frage zu beantworten.
4. Nach der Klassenarbeit wird es dir ______________ .
5. Ich weiß nicht, ob ich das ______________ .
6. Den Kurt, den würde ich gern näher ______________ .
7. Sie trägt das Haar ______________ offen.
8. Der Sänger sang mit ______________ Stimme.
9. Das Kind weinte ______________ .
10. Wir wünschen dir ______________ alles Gute.
11. Noch nie hatte ich ihn so verwirrt und ______________ gesehen.
12. Franz wird sicher ______________ aus dem Urlaub ______________ .

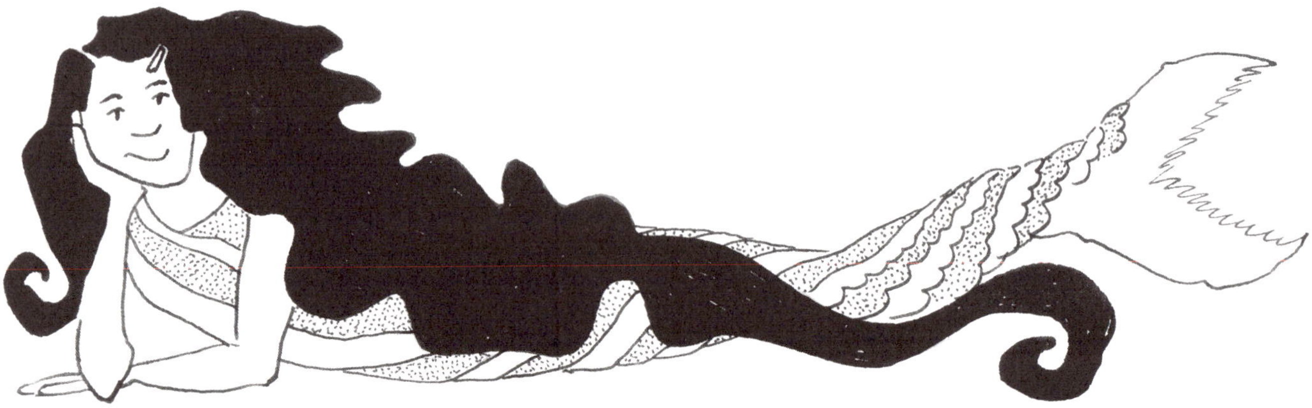

■ Hier ist etwas durcheinandergeraten. Löse die Buchstabenschlange in einzelne Wörter auf und achte besonders auf die Getrennt- und Zusammenschreibung.

Feten-Regeln

1. DERTERMINMUSSRECHTZEITIGBEKANNTGEGEBENWERDEN.

2. EINENABENDWÄHLEN, DENSICHALLEFREIHALTENKÖNNEN.

3. DIEEINLADUNGENSOLLTENWEITVERBREITETWERDEN.

4. SOKANNMANNEUELEUTEKENNENLERNEN.

5. WERDABEISEINWILL, SOLLETWASWOHLSCHMECKENDESMITBRINGEN.

6. GUTGEKÜHLTEGETRÄNKESOLLTENBEREITGEHALTENWERDEN.

7. LEUCHTENDBUNTEDEKORATIONENHEBENDIESTIMMUNG.

8. EINIGELEICHTVERSTÄNDLICHESPIELEVORZUBEREITENKANNNICHTSCHADEN.

9. LEUTE, DIENICHTMITSPIELENWOLLEN, SOLLTEMANZUFRIEDENLASSEN.

10. DIEMUSIKAUSWAHLSOLLTEWOHLÜBERLEGTSEIN.

11. WENNALLENURHERUMSTEHEN, SOFORTMITDEMTANZENBEGINNEN.

12. ALLZULANGESOLLTEMANKEINENOHRENBETÄUBENDENLÄRMMACHEN.

13. SOGEPLANT,KANNNICHTSMEHRSCHIEFGEHEN.

■ Schreibe die nummerierten Wörter in der richtigen Schreibweise in die entsprechenden Textlücken. Achte auf die gleichen Ziffern!

Die Bekanntschaft

Auch im Hafen herrschte ein **1** ______________ Treiben, aber alles wirkte viel **2** ______________. Schlepper und Barkassen stampften emsig durch das aufgewühlte Hafenbecken. Kleine Segelboote tanzten mit ihren **3** ______________ Segeln auf den Wellen. Da lag die „Stern von Singapur", gleich **4** ______________ die „Golden Gate" aus Amerika. Dann kam ein imposanter Frachter mit dem Namen „Tower Bridge" aus London. „London!", rief Hups laut. **5** ______________ näherte er sich den **6** ______________ Hafenarbeitern, die das Schiff mit Einweg-Bumerangs beluden. Etwas abseits stand ein Seebär und **7** ______________ den Ladevorgang. Vorsichtig sprach Hups ihn an: „Entschuldigung, nehmen Sie auch Passagiere mit?" Der Seebär fixierte Hups mit klaren, blauen Augen und grummelte, ohne dabei die **8** ______________ Pfeife aus dem Maul zu nehmen: „**9** ______________ is dat´n Frachter und kein Luxusliner." Enttäuscht hüpfte Hups weiter. **10** ______________ bekam er Hunger und so traf es sich gut, dass an der nächsten Ecke eine kleine Hafenkneipe war. Auf einer Tafel stand: *Heute doppelte Portion* **11** ______________ *Blockfisch mit Beilage zum halben Preis!* In der Kneipe war es fast leer. Nur am Tresen lehnte ein **12** ______________ Ameisenbär mit einer nach **13** ______________ Schiffermütze und schlürfte, den Rüssel tief im Glas, eine Bananenmilch. Hups setzte sich an einen der leeren Tische.

Plötzlich stand hinter ihm ein **14** ______________ Pinguin. „Mein Name ist Patson, Dr. Patson. Was kann ich für Sie tun?" „Bitte den Blockfisch", antwortete Hups **15** ______________. Sekunden später watschelte der Pinguin mit dem Essen herbei. „Bitte sehr, guten Appetit."

„Warum ist denn der Fisch so billig?", fragte Hups.

„Heute ist mein letzter Tag. Morgen bin ich schon als Smutje auf der ‚Tower Bridge' nach London unterwegs", antwortete der Pinguin und war schon wieder in der Küche verschwunden.

1 kunter/buntes
2 ziel/gerichteter
3 blau/gestreiften
4 da/neben
5 Gut/gelaunt
6 braun/gebrannten
7 über/wachte
8 blank/poliert
9 Streng/genommen
10 Dessen/ungeachtet
11 frisch/gebackener
12 übel/gelaunter
13 hinten/geschobenen
14 gut/gekleideter
15 rückwärts/gewandt

Eine Freundschaft entsteht auf der nächsten Seite.

■ Schreibe die nummerierten Wörter in der richtigen Schreibweise in die entsprechenden Textlücken. Achte auf die gleichen Ziffern und vergleiche deine Ergebnisse mit der Nachbarin/dem Nachbarn.

Die Überfahrt

1 ______________ lief es Hups den Rücken runter. London, das war auch sein Ziel. Er schob den unberührten Teller 2 ______________ und folgte aufgeregt dem Pinguin. „Herr Dr. Patson, wo sind Sie?", rief er in die 3 ______________ und von Bratenfett vernebelte Küche. „Hier hinten, im Lagerraum." Mit vier Hüpfern durchquerte Hups die kleine Küche und stand vor dem Pinguin. „Hat Ihnen der Blockfisch nicht gemundet?" „Doch, doch, er war im 4 ______________ sehr lecker." „Na, dann ist ja alles 5 ______________", sagte Dr. Patson und versuchte dabei ein dickes Buch in seinen Seesack zu zwängen. Hups kannte dieses Buch, er hatte es sich schon des 6 ______________ in der Bibliothek von Hoppelcreek ausgeliehen. Die größten Fälle des Sherlock Holmes. Das Standardwerk für jeden 7 ______________ Detektiv. „Das ist ja mein Lieblingsbuch!", rief Hups ganz spontan. Ungläubig schaute der Pinguin nach oben. „Sie kennen das Buch? Haben Sie auch schon eigene Fälle gelöst?" „Selbstverständlich", erwiderte Hups, „zum 8 ______________ habe ich einen Fall ..." Beide vergaßen die Zeit. Sie erzählten sich abwechselnd mit 9 ______________ Augen ihre kniffligsten Fälle; wie sie im 10 ______________ tappten, wie sie verschiedene Indizien 11 ______________ und wie sie sich die Vorgehensweise der Täter zu 12 ______________ machten. Dabei erfuhr Hups, dass Dr. Patson ein studierter Fischologe aus Uppsala war, der seinen Beruf wegen einer grässlichen Fischflossenallergie leider aufgeben musste. Als bereits der Morgen dämmerte, schworen sie gemeinsam durch 13 ______________ zu gehen und in London ein Detektivbüro zu eröffnen. Leicht übermüdet erreichten sie die ‚Tower Bridge'. Dr. Patson sprach freundlich mit dem ständig 14 ______________ Kapitän und Hups durfte als Küchenhilfe mit auf große Fahrt gehen.

1 Siedendheiß/ Siedend heiß
2 beiseite/bei Seite
3 drückend heiße/ drückendheiße
4 großen und ganzen/ Großen und Ganzen
5 Bestens/bestens
6 öfteren/Öfteren
7 ernstzunehmenden/ ernst zu nehmenden
8 ersten Mal/erstenmal
9 hellleuchtenden/ hell leuchtenden
10 dunkeln/Dunkeln
11 aneinander fügten/ aneinanderfügten
12 Eigen/eigen
13 Dick und Dünn/ dick und dünn
14 schlechtgelaunten/ schlecht gelaunten

■ Lies dir den Info-Kasten genau durch und entscheide dann, in welchen Fällen es möglich ist, Verbindungen aus einem Verb mit einer Form von „bleiben“ und „lassen“ zusammenzuschreiben. Begründe.

INFO

Verbindungen aus zwei Verben werden grundsätzlich getrennt geschrieben.
*In der Arbeitsgemeinschaft werden wir **kochen lernen**.*
*Morgen wollen wir **schwimmen gehen**.*
Verbindungen mit *bleiben* oder *lassen* als zweitem Bestandteil können auch zusammengeschrieben werden, wenn sich die Gesamtbedeutung nicht so gut aus den Bedeutungen ihrer Einzelbestandteile erschließen lässt.
Im 6. Schuljahr ist er **sitzengeblieben** (nicht versetzt worden).
Sein Freund hat sich lange nicht bei ihm **blickengelassen** (besucht).
Bei der Verbindung **kennen lernen/kennenlernen** kann immer frei entschieden werden, ob zusammen- oder getrennt geschrieben wird.

Sitzen bleiben oder sitzenbleiben?

1a. Der Gast wollte auf diesem Stuhl nicht länger sitzen bleiben/sitzen bleiben.
1b. Wer sitzen bleibt/sitzenbleibt, muss ein Schuljahr wiederholen.
2a. Schwerverbrecher sollte man nicht zu früh laufen lassen/laufenlassen.
2b. Im Wald darf man seinen Hund nicht frei laufen lassen/laufenlassen.
3a. Um beim Vortrag nicht stecken zu bleiben/steckenzubleiben, hat er sich einen Notizzettel angelegt.
3b. Winterreifen sind eine gute Maßnahme, um nicht im Schnee stecken zu bleiben/steckenzubleiben.
4a. Wer seinen Mantel dort hängen lässt/hängenlässt, muss selbst auf ihn Acht geben.
4b. Er hätte nicht geglaubt, dass sein Freund ihn hängen lässt/hängenlässt.
5a. Sie waren besonders vorsichtig, denn sie wollten die kostbare Vase nicht fallen lassen/fallenlassen.
5b. Warum hatten die Freunde ihn fallen gelassen/fallengelassen?
6a. In der Freizeit kann man sich richtig gehen lassen/gehen lassen.
6b. Ohne warme Kleidung wollten ihre Eltern sie nicht nach draußen gehen lassen/gehenlassen.
7a. Wieder einmal hatte Andreas die Verabredung platzen lassen/platzenlassen.
7b. Durch ihre Bemerkung auf der Feier, wollte sie eine Bombe platzen lassen/platzenlassen.

■ Wegen des folgenden Artikels gibt es in der Redaktion der Schülerzeitung vor allem wegen der Regeln der Getrennt- und Zusammenschreibung Streit. Einige meinen, dass manche Wörter bzw. Wortgruppen falsch geschrieben sind, andere behaupten, dass beide Schreibweisen möglich sind. Unterstreiche wirkliche Fehler in der Getrennt- und Zusammenschreibung einfach und doppelt die Fälle, bei denen sowohl die Getrenntschreibung als auch die Zusammenschreibung möglich ist. So lautet der Artikel, der den Streit auslöste:

Streit in der Redaktion der Schülerzeitung

Immer häufiger hören wir in der Schülervertretung, dass Schülerinnen und Schüler in der eigenen Klasse sich untereinander fertig machen. Mitschülerinnen und -schüler beklagen sich immer öfter, dass andere ihre Sachen durcheinander bringen oder kaputt machen, indem sie sie zum Beispiel Bücher und Hefte voll kritzeln oder nass spritzen. Wenn man vor oder nach den Stunden nicht am Platz sitzenbleibe, fehle hinterher oft die Hälfte der Sachen oder sei beschädigt. Wenn Streit aufkomme, würden häufig selbst die besten Freunde einen hängen lassen. Diejenigen, die neu in der Klasse wären, weil sie gerade sitzen geblieben seien, hätten es besonders schwer. Eine Aufsicht würde sich in den Pausen meist gar nicht blicken lassen. Damit wir mit diesem Problem weiter kommen, schlagen wir von der Schülervertretung vor, dass die Klassenlehrerinnen und -lehrer über diese Verhaltensweisen mit ihren Klassen sprechen, um allen klar zu machen, dass man in einer Klasse auf jeden Fall immer ganz besonders zusammen halten sollte. Außerdem sollten sie mehr Acht geben auf kleinere Streitigkeiten in der Klasse, da diese meistens ernstere Ursachen haben. Dies ist ein sehr ernstzunehmender Vorschlag der Schülervertretung, denn es gibt wohl immer mehr Schülerinnen und Schüler, die sich durch das Provozieren anderer hervor tun und vor ihren Mitschülerinnen und -schülern wichtig machen wollen. Sollten sich Auseinandersetzungen dennoch einmal nicht vermeidenlassen, könnt ihr euch auch an unsere Streitschlichter wenden.

■ Nur eine der drei Schreibweisen ist richtig, markiere sie mit einem Kreis um den Buchstaben. Du erhältst zwei weitere Fremdwörter aus den Sätzen 1–10 und 11–18, wenn du die Buchstaben vor den korrekt geschriebenen Wörtern in die richtige Reihenfolge bringst.

Wer wird Testsieger?

1. W Sympatie
Z Symphatie
U Sympathie

2. E Dedektiv
I Detektiv
G Detiktiv

3. C Paralelle
B Parellele
J Parallele

4. V Piramyde
S Pyramide
P Pyramiede

5. Y Rharbaber
D Rabarber
N Rhabarber

6. O Rhododendron
K Rohdodentron
F Rododhendron

7. H Prottokol
C Prothokoll
A Protokoll

8. A Riesiko
T Risiko
V Risieko

9. E Asisstentin
X Assisstentin
R Assistentin

10. U Intherview
L Interview
Q Innterview

11. E Interesse
S Intresse
U Interresse

12. L Proffessor
O Prohfessor
A Professor

13. V Innfinitiv
B Infinitif
T Infinitiv

14. P Semikolon
H Semikholon
C Semmikolon

15. I Patizip
H Partizip
F Parthizip

16. G Rythmus
M Rhythmus
D Rhytmus

17. W Athmosphäre
R Atmosphäre
J Atmosphähre

18. P Contäner
Z Conthainer
E Container

Lösungswörter:

| | | | | | | | | | | und | | | | | | | | |

■ Ergänze die folgenden Sätze durch die passenden Wörter, die du auf S. 44 markiert hast. Die Lösungswörter müssen auch eingesetzt werden! Anschließend diktiert ihr euch die Sätze zu zweit im Wechsel, wobei ihr die Sätze auswählen könnt, ohne die vorliegende Reihenfolge zu beachten.

1. Während des Konzerts bewegten sich die begeisterten Fans im ______________________ der Musik.
2. In unserer Klasse herrscht eine gute ______________________, weil wir uns gegenseitig respektieren und niemand ausgeschlossen wird.
3. Ich habe das ______________________ der letzten Schülerratssitzung mit großem ______________________ gelesen.
4. Das ______________________ einer Verletzung ist bei manchen Sportarten recht hoch.
5. Eine ______________________ ist ein geometrischer Körper.
6. In unserer Straße gibt es drei ______________________ für Altglas.
7. Seit heute kann ich den Namen des Strauchs schreiben, der in unserem Garten blüht: ______________________.
8. Ein ______________________ ist ein Mittelwort der Gegenwart oder der Vergangenheit; kannst du Beispiele nennen?
9. Die Bezeichnungen für die Grundform des Verbs und den Strichpunkt lauten ______________________ und ______________________.
10. Einen bildhaften Ausdruck mit übertragener Bedeutung nennt man ______________________.
11. Wenn du aus ______________________ ein leckeres Dessert zubereiten möchtest, musst du ihn vorher schälen und in Stücke schneiden.
12. Der ______________________ für Geschichte erteilte seiner ______________________ den Auftrag, die bestellten Bücher in der Bibliothek abzuholen.
13. Der Verbrecher konnte gefasst werden, da der erfahrene ______________________ ihn intensiv beschattet und eine ______________________ zu einem anderen Betrug entdeckt hatte.
14. Dem elegant gekleideten Betrüger war es stets gelungen, die ______________________ reicher Damen zu gewinnen.
15. Der bekannte ______________________, der schon seit vielen Jahren aus Krisengebieten berichtet, erläuterte in einem ______________________ die aktuellen Konflikte.

■ Ein Lückendiktat: Deine Lehrerin oder dein Lehrer diktiert dir den folgenden Text. Höre gut zu und schreibe die fehlenden Wörter in die Lücken.

________ Nachbarschaft

In der ersten ________ unseres Hauses wohnen eine ________, ein ________ und ein ________.
Die ________ ________, die ein kleines ________ bewohnt, ________ jeden zweiten Abend in einem ________, um ihren ________ Körper in Form zu halten. Manchmal wird sie vom ________ als ________ ________.
Sie mag die ________ dort sehr, auch wenn ihre ________ äußerst gering ist. Sie wartet auf ihre große ________ und träumt von einer ________ mit langen ________ im gesamten Bundesgebiet.
Der ________, den das ________ plagt, lebt nach einem bestimmten ________.
Seine ________ sind ________ und das ________ ________ Landschaften. Im Frühsommer muss er darauf allerdings meistens verzichten, da er an einer ________ leidet. Sein Nachbar, der oft ausgedehnte ________ feiert, geht ihm ________ auf die Nerven. Der ________ hält sich für ein ________ und behauptet stets neue Anregungen haben zu müssen, um ________ arbeiten zu können. Er liebt hämmernde ________ und kehrt oft erst frühmorgens aus seiner bevorzugten ________ zurück.
Mittags zieht er dann die ________ hoch und begibt sich mit seinem ________ auf den ________, damit alle Nachbarn sehen, wie beschäftigt er ist.
In der ________ um die Ecke steht seine große ________, natürlich ein amerikanisches ________. Stolz posierte er davor, als ich ihn für unsere Schülerzeitung ________.

■ Bei den folgenden Meldungen hatte der Nachrichtensprecher einen Knoten in der Zunge! Finde die richtige Schreibweise der verdrehten Wörter heraus und schreibe die Sätze korrekt auf.

Späktukleare Erttimlungen

1. Nach der Veröffentlichung des späktuklearen Prokotolls musste der Spion schließlich katipulieren und seine igellalen Machenschaften zugeben.
2. Die beiden engiergaten Jarnoulisten hatten ihre Erttimlungen anynom durchgeführt.
3. Die Rekationen auf die Retorpage waren sentiosanell und reichten von spantonen Gralutationen bis zu krischiten Äußerungen.
4. Die Potiliker aller Fronaktien bestätigten, dass sich der Ministerprädisent in dieser komziplierten Situation priznipiell richtig verhalten habe.
5. Der Chef des Unternehmens vertrat jedoch oziffiell eine abweichende Potision.
6. Es wird vermutet, dass er die Preisgabe weiterer Daitels verhindern und seine Computerspazielisten schützen möchte.
7. Zahlungen in Mollinienhöhe hätten den Bonkratt des Unternehmens zur Folge.
8. Im Inertesse der Allmegeinheit wird die Staatsanschwaltaft die skadanlöse Weitergabe von Daten genauer untersuchen.

1. ______________________________

2. ______________________________

3. ______________________________

4. ______________________________

5. ______________________________

6. ______________________________

7. ______________________________

8. ______________________________

INFO

a) Am Zeilenende werden **mehrsilbige Wörter** so getrennt, wie sie sich bei langsamem Sprechen **in Silben zerlegen** lassen.
b) Silben, die aus **einem Buchstaben** bestehen und **einsilbige Wörter** dürfen **nicht getrennt** werden.

■ Ordne die Wörter den Regeln zu. Gib alle Trennungsmöglichkeiten an. Beispiel: Früh-stücks-ei

Klassenarbeit – Übung – Atlas – malen – Mathematik – Apfel – essen – Computer – Hustensaft – trinken – Fußballspieler – schwimmen – Ferienreise – Teeei – verreisen – Ofen – über – Urin – freuen – Ufer

Regel a):			Regel b):

■ Schreibt man für einen Laut mehrere Konsonantbuchstaben, dann dürfen diese nicht getrennt werden. Beachte die Regel und trenne die folgenden Wörter.

Bä**ck**er		Zu**ck**er	
la**ch**en		Ku**ch**en	
Wä**sch**e		ra**sch**eln	
Sa**ph**ir		My**rrh**e	
Fa**sh**ion		Zi**th**er	

INFO

Steht an der Silbenfuge ein einzelner **Konsonantbuchstabe**, dann kommt er bei der Trennung auf die neue Zeile. Gibt es mehrere, dann kommt nur **der letzte auf die neue Zeile**.
Beispiele: He- **f**e, lie- **g**en, Hei- **r**at, bei- **ß**en, sau- **g**en, drän- **g**eln

■ Markiere alle Trennungsmöglichkeiten durch senkrechte Striche.

knusprig	stampfen	meckern	holprig	impfen
Panther	packen	hungrig	Wüste	empfindlich
Husten	Tropfen	grüßen	küssen	fresssüchtig
Juliabend	naiv	Städte	Strophe	schimpfen
Radio	oben	Idiot	Biomüll	Deutscher

■ Unterstreiche jedes Wort, das getrennt werden kann. Schreibe es mit allen Trennungsmöglichkeiten in dein Heft.

Namensmissbrauch *Paul Averdes*

Ein Esel traf auf der Straße ein weinendes Schwein. „Warum weinst du?“, fragte teilnehmend der Esel. „Wie soll ich nicht weinen“, antwortete das Schwein, „ wenn die Menschen schimpfen, so brauchen sie fortwährend meinen Namen. Hat irgendjemand etwas Schlechtes getan, so sagt man: „Er ist ein Schwein.“ Ist irgendwo Schmutz und Unordnung, so sagt man: „Das ist eine Schweinerei.“ Der Esel überlegte lange und sagte mitfühlend: „Ja, das ist wirklich eine Schweinerei.“

(Aus: 111 einseitige Geschichten. Hrsg. von Franz Hohler. Darmstadt und Neuwied: Luchterhand Literaturverlag, einem Unternehmen der Verlagsgruppe Random House GmbH 1981.)

■ Markiere alle Trennungsmöglichkeiten durch einen senkrechten Strich.

Späte Rache *John Miller*

Jeffrey Lloyd saß mit Inspektor Carter im Besuchsraum der Justizvollzugsanstalt. Lloyd hatte wertvolle Informationen, die er an den Inspektor weitergeben wollte.
„Seit zwei Jahren kenne ich Bob Jones“, erzählte Lloyd. „Sie wissen, er überfiel einen Spielsalon und erbeutete 50000 Pfund, die nie gefunden wurden.“
Carter erinnerte sich. Er hatte Jones nur durch einen Informanten fassen können.
„Ein Mithäftling wurde vor zwei Tagen entlassen. Er wurde von Jones beauftragt, den Informanten zu töten. Sein Lohn ist ein Teil der Beute.“
„Wie heißt der Mann?“, fragte Carter. Lloyd zuckte mit den Schultern.
„Das weiß ich leider nicht.“
Carter alarmierte Sergeant Graham mit dem Auftrag, sofort den Informanten zu schützen
Kurz darauf las Carter die Akten der Sträflinge, die vor zwei Tagen entlassen wurden: Carl Hitman und Brett Hershey. Beiden war ein Mord zuzutrauen.
Hershey hatte mit Jones in der Schreinerei gearbeitet. Bei einem Unfall verlor er einen Daumen.
Hitman war in der Wäscherei tätig. Er hatte Jones kennen gelernt, als dieser in der Wäscherei aushalf. Carters Handy klingelte.
„Zu spät. Er ist erwürgt. Der Mörder hat mit beiden Händen fest zugedrückt“, berichtete Graham.
„Fahnden Sie nach Carl Hitman“, sagte Carter. „Nur er kommt als Täter in Frage.“

(Aus: Prisma. Wochenmagazin zur Zeitung. Prisma-Verlag GmbH & Co. KG, Stolkgasse 25–45, 50667 Köln.)

Was war Carter aufgefallen?

Lösung: Das Opfer war mit beiden Händen erwürgt worden. Dazu wäre Brett Hershey mit nur einem Daumen nicht in der Lage gewesen.

■ Markiere alle Trennungsmöglichkeiten durch einen senkrechten Strich.

Harry Potter

Ihr kennt sicher alle Hogwarts, das Internat für Zauberei und Hexerei. Man erreicht diese Schule, wenn man auf dem Bahnsteig 9 ³/₄ in den Hogwarts Express steigt. Und zum Ende des Schuljahres fährt man mit dem gleichen Expresszug wieder zurück.

Die Schulzeit dauert sieben Jahre. In dieser Zeit lernen Harry, seine Freunde und alle Kinder mit magischen Fähigkeiten alles, was man als Zauberkunst bezeichnen kann.

Hogwarts ist der wichtigste Ort in den Harry-Potter-Romanen. Jeder Harry-Potter-Band umfasst ein Schuljahr. Wir lernen den Schulalltag kennen und erleben die Abenteuer mit, die Harry und seine Freunde Hermine und Ron bestehen.

In jedem Band gibt es ein Geheimnis, auf dessen Spur die drei Jugendlichen kommen. Sie sind wahre Detektive, die auf viele zunächst irreführende Andeutungen stoßen. Am Ende sind sie aber in der Lage, das Geheimnis zu lüften. Das heißt, dass in jedem Band eine abgeschlossene Abenteuer- und Detektivgeschichte erzählt wird.

Besonders interessant ist aber, dass darüber hinaus alle Harry-Potter-Bücher als Fortsetzungen gelesen werden können, denn es gibt eine weitere Geschichte, die in dem jeweils folgenden Buch weitergeht. Auf diese Weise wird eine weitere wichtige Handlung dargestellt. Es ist die Feindschaft zwischen Harry und Lord Voldemort.

Lord Voldemort ist ein Schwarzmagier, der die Familie Potter angegriffen hat, als Harry 15 Monate alt war. Bei diesem Angriff sind Harrys Eltern getötet worden. Harry war also bereits mit 15 Monaten Vollwaise. Er wuchs deshalb bei seiner Tante Petunia Dursley auf.

Allerdings ist es für Harry nicht schön gewesen, in der Adoptivfamilie aufzuwachsen, denn die Dursleys hassen alles, was mit Zauberei zu tun hat. Deshalb hassen sie auch Harry.

Die Geschichte von der Feindschaft zwischen Harry und Voldemort verbindet die einzelnen Bände miteinander. Im Laufe der Zeit erfahren wir immer mehr darüber, warum Harrys Eltern ermordet worden sind.

Da in jedem Band ein Schuljahr dargestellt wird, ist es klar, dass die Harry-Potter-Bücher sieben Bände umfassen, da die Schulzeit in Hogwarts ja insgesamt sieben Jahre dauert.

Harry ist in der Zeit natürlich auch sieben Jahre älter geworden.

Die endgültige Aufklärung, warum Voldemort Harrys Eltern getötet hat, gibt es in dem siebten, dem letzten Band. Harry ist dann bereits 18 Jahre alt.

■ In diesem Zeitungsartikel fehlen viele Satzzeichen. Ergänze die fehlenden und gib den Grund an, warum das Zeichen jeweils zu setzen ist.

Deutsche Wörter sind ein Exportschlager *Philipp Holstein*

Düsseldorf – Deutschland hat einen Exportschlager von dem bislang nur wenige wussten: Wörter. Begriffe aus dem Deutschen sind sehr reisefreudig und fühlen sich in der Fremde so wohl dass sie sich dort zahlreich niederlassen und gern bleiben. In Finnland etwa. Dort erscheint in der Fahrtziel-Anzeige von Linienbussen das Wort „Kaffeepausi" wenn der Fahrer mal nicht fährt. Oder in England. Dort sprechen sie von „kaffeeklatsching" wenn sie „kaffeeklatschen".
Jetzt ist das Buch „Ausgewanderte Wörter" erschienen. Es ist das Ergebnis einer Ausschreibung: Im Ausland lebende Deutsche waren aufgefordert Begriffe aus der Heimat zu suchen die auch die Menschen in der neuen Umgebung verwenden. Rund 6000 Wörter kamen aus 50 Ländern zusammen aus Taiwan Kamerun Mauritius und Argentinien.
So etwas wie der Global Player unter den deutschen Wörtern ist „Kindergarten". Ihn gibt es im englischen spanischen französischen und japanischen Sprachgebrauch. Unter den Einsendungen ist außerdem ein so schönes Wort wie „Umpapa-Musik" das man in Australien ironisch für Marsch- und Blasmusik benutzt. Auch die Vorstellung dass Engländer „Schadenfreude" sagen ist nett. Zumal weil sie das offenbar nur tun weil sie meinen mangels Fähigkeit zu solch niederträchtigem Gefühl kein eigenes Wort finden zu können. Ebenso fein: Der Erfolg von „Butterbrot" in Russland – dort natürlich mit weichem Auslaut gesprochen: „Butterbrod".
Etwas Tragisches hat das Wort „Kannitzeen Boot" das während der Weltkriege ins Afrikaans übernommen wurde und ein U-Boot bezeichnet. „Aberjetzte" ist auch so ein anrührendes Wort: Es findet ebenfalls in Afrika Verwendung; es ist ein sarkastischer Spitzname für die Deutschen und stammt aus der Zeit als Kolonialherren die Menschen zur Arbeit antrieben.
Deutsche Begriffe im Ausland werfen aber oft auch ein positives Licht auf Deutschland sagt Hans Hillreiner Sprachwissenschaftler und Leiter des Projektes. Vor allem Begriffe aus den Bereichen Naturwissenschaft und Philosophie zeugten davon wie weit vorn Deutsche in der jeweiligen Epoche gewesen seien. Die Türken etwa haben das Wort „Schiebedach" übernommen. Und auch das Wort Bremsstrahlung für das physikalische Phänomen dass Elektronen die beschleunigt oder abgebremst werden Strahlung aussenden wird im Ausland benutzt – vor allem im englischsprachigen Raum.
Kurios ist der Fall des Wortes „okay". Man meint ja immer es stamme aus den USA oder aus England aber das ist nur die halbe Wahrheit wie Hans Hillreiner erklärt. Das Wort kommt eigentlich aus dem deutschen Verlagswesen. Korrektoren die keine Fehler in einem Korrekturabzug gefunden hatten zeichneten ihn mit dem Vermerk „o. K." das hieß ohne Korrektur. Daraus entstand in der amerikanischen Aussprache der zwei Buchstaben unser Okay. So reiste das Wort aus dem Deutschen ins Englische und zurück.
Zu Hause ist es eben doch am schönsten.

(Aus: Rheinische Post vom 18.11.2006 [Text leicht geändert])

P S.: Das Wort Handy für Mobiltelefon ist eine deutsche Erfindung. International sagt man „mobile phone" oder „cell phone". Im Englischen verwendet man „handy" für leicht erreichbar, handlich oder geschickt (z. B. eine geschickte Person), aber nicht für's Mobiltelefon.

INFO

Infinitivgruppen (erweiterte Infinitive) musst du mit einem Komma abgrenzen, wenn sie mit ***um, ohne, statt, anstatt, außer*** oder ***als*** eingeleitet werden. Ist die Infinitivgruppe eingeschoben, musst du sie mit paarigem Komma einschließen.

■ Stelle die Infinitivgruppen um. Schreibe die Sätze in die rechte Spalte.

Beispiele:	Die Infinitivgruppe steht „vorne“.
Die Infinitivgruppe steht „hinten“.	Die Infinitivgruppe muss mit einem Komma abgetrennt werden, wenn sie „vorne“ steht.
a) Wir fahren mit dem Fahrrad, **um** etwas für unsere Fitness **zu tun**.	**Um** etwas für unsere Fitness **zu tun**, fahren wir mit dem Fahrrad.
b) Die Kinder sprangen ins Schwimmbecken, **ohne** sich vorher **zu duschen**.	
c) Sie fuhren mit ihren Rädern auf der Fahrbahn, **statt** den Radweg **zu benutzen**.	
d) Alexander chattete im Internet, **anstatt** für die Mathematikarbeit **zu üben**.	
e) Er musste im Haushalt nicht mithelfen, **außer** den Müllbeutel in die Tonne **zu werfen**.	
f) Die Familie sah keine andere Möglichkeit, **als** wegen Vaters Job nach Frankfurt **umzuziehen**.	**Dieser Satz darf nicht umgestellt werden, da er dann sprachlich sehr schlecht wird.**
Die Infinitivgruppe steht „hinten“.	Ist die Infinitivgruppe ***eingeschoben***, musst du sie mit ***paarigem*** Komma einschließen.
g) Die Kinder sprangen ins Schwimmbecken, **ohne** sich vorher **zu duschen**.	Die Kinder sprangen, ***ohne*** sich vorher ***zu duschen***, ins Schwimmbecken
h) Sie fuhren mit ihren Rädern auf der Fahrbahn, **statt** den Radweg **zu benutzen**.	
i) Alexander chattete im Internet, **anstatt** für die Mathematikarbeit **zu üben**.	

■ Vergleiche die Lösung mit deinem Tischnachbarn/deiner Tischnachbarin. Besprecht eure Abweichungen und korrigiert, wenn etwas falsch ist.

INFO

Ein Komma wird gesetzt, wenn die Infinitivgruppe von einem **Nomen**, einem **Bezugswort** oder einem **Verweiswort** abhängt.

■ Setze die fehlenden Kommas.

Marco hatte die Absicht seine Eltern zu überraschen. Mit seinem Plan alle zum Mittagessen einzuladen rief er große Begeisterung hervor. Marco hatte damit gerechnet seiner Familie eine Freude zu bereiten. Daran bei ihnen regelrechte Begeisterung zu wecken hatte er nicht gedacht.

■ Unterstreiche die Infinitive und setze alle fehlenden Kommas.

Trinkgefäße aus eigenem Anbau

Einkaufstüten aus Kartoffelstärke essbare Pommes-Schalen – eine Verpackung muss kompostierbar sein um voll im Trend zu liegen. Dabei war es schon immer einfach gewesen Trinkgefäße aus einem nachwachsenden Rohstoff herzustellen. Und das ist auch für euch möglich ohne großen Aufwand zu treiben. Voraussetzung ist es allerdings die afrikanische Riesenkalebasse zu kennen und anzupflanzen.
Die viereckigen Kalebassen-Samen sind für ein paar Euro ganz einfach im Internet zu haben.
Die Kalebasse braucht einen warmen und hellen Platz auf dem Fensterbrett um ihre Samen keimen zu lassen. Schon nach ein paar Tagen beginnen die Pflänzchen in die Höhe zu schießen. Es ist durchaus normal ein tägliches Wachstum von 7 Millimetern zu beobachten.
Bereits nach zwei Wochen ist es erforderlich die schnellwüchsigen Pflanzen in eigene Töpfe umzusetzen und diese in den Garten oder auf den Balkon zu stellen. Kurze Zeit später sind die ersten herzförmigen Blätter zu sehen. Und nach der Befruchtung der weißen Blüten beginnen die Früchte zu wachsen. Um die flaschenförmigen Kalebassen als Trinkgefäße benutzen zu können müssen sie ausgehöhlt und getrocknet werden. Dabei muss man darauf achten die harte und wasserundurchlässige Schale nicht zu beschädigen. Die Kalebassen können nach dem Trocknen – wie in afrikanischen Dörfern – für alles Mögliche benutzt werden z. B. als exotische Vorrats- oder Trinkgefäße. Musikfans haben herausgefunden dass die Kalebassen gut geeignet sind aus ihnen Trommeln herzustellen.

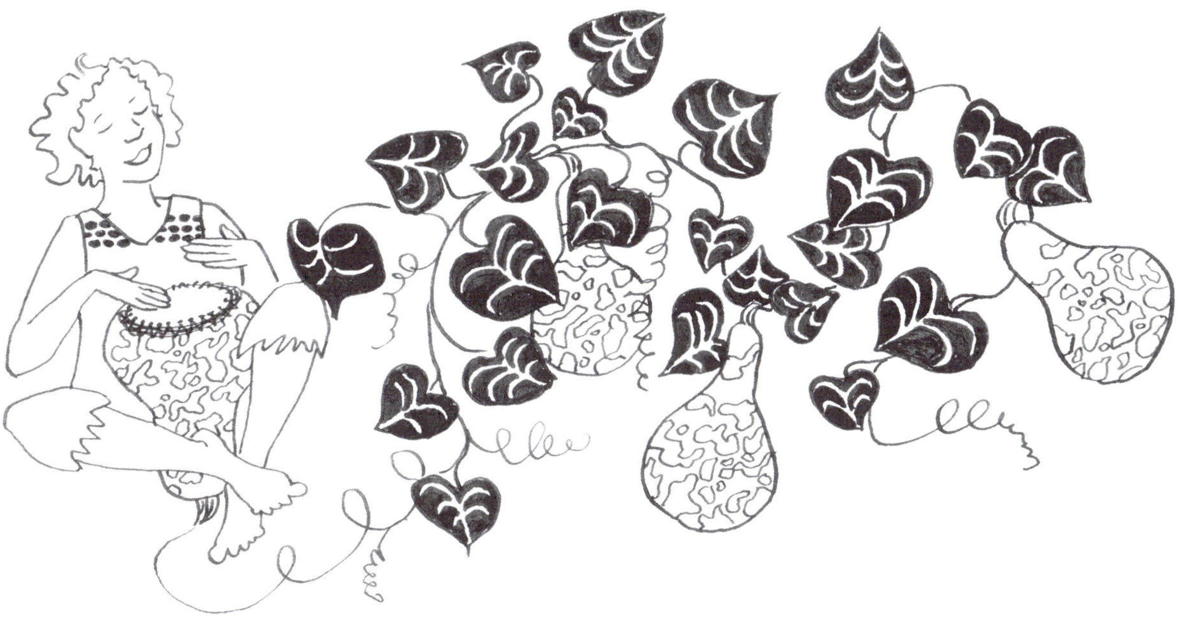

■ Unterstreiche die Infinitive und setze alle fehlenden Kommas.
Tipp: Wenn du die Sätze normal liest und normal betonst, kannst du „hören", wo ein Komma stehen muss. Achte auf die Stimmführung, deine Stimme „geht" vor dem Komma nach oben.

Jagd nach dem Hasenmörder – Trauer um das Vereinsmaskottchen *John Miller*

Die Zuschauer begannen aus dem Stadion zu strömen als Inspektor Carter mit seiner Mordkommission eintraf. Die Anhänger von United waren dabei ihre Fahnen zu schwenken. Ihrem Verein war es erneut gelungen Arsenal zu schlagen dieses Mal mit 3:2. Zunächst sah es so aus als sei das Spiel nicht mehr zu gewinnen aber dann fiel der Siegtreffer in der 82. Minute.
Polizist Flanders ließ es sich nicht nehmen Carter zu den Umkleiden zu führen. „Alle Garderoben stehen leer bis auf die von Max Rabbitt. Kennen Sie ihn?"
Es war selbstverständlich ihn zu kennen. Jeder kannte das Vereinsmaskottchen von United. Es war berühmt es war ein großer Hase – ein Mann in einem Hasenkostüm.

Vor jedem Spiel begann der Hase die Fans zu Sprechchören zu animieren.
„Das hat Max Rabbitt auch heute vor dem Spiel getan“ begann der Polizist zu erklären.
„Eigentlich war es seine Aufgabe beim Abpfiff noch einmal aufzutreten doch als er nicht erschien ging man los um ihn zu suchen. Er wurde hier gefunden.“
Carter zögerte nicht die Garderobe zu betreten. Max Rabbitt lag in Unterwäsche auf dem Boden seine Platzwunde am Kopf hatte noch nicht aufgehört zu bluten. Das Kostüm und der Hasenkopf an dem die langen Ohren deutlich zu sehen waren lagen auf der Liege an der Wand.
Die Mordkommission begann die Arbeit aufzunehmen.
„Der Mord geschah während der letzten beiden Stunden“ wusste der Arzt zu berichten.
Während sich Sergeant Graham draußen auf dem Gang zu schaffen machte übernahm Carter die Aufgabe sich in der Garderobe des Vereinsmaskottchens umzusehen.
„Max Rabbitt hat ein paar Feinde im Vereinsvorstand“ gab Flanders zu Protokoll. „Es ließ sich nicht vermeiden bei den Einsätzen während der Spiele einiges mitzubekommen. Zuletzt hat es einen Streit mit Tom Strange einem Mitglied des Vorstandes gegeben. Aber auch mit Jeff Sweet dem Kassenwart war es Max Rabbitt nicht gelungen einem Streit aus dem Weg zu gehen.
Carter betrachtete das Transistorradio auf dem Tisch bei der Liege mit dem Hasenkostüm. Neben dem Radio war eine aufgeschlagene Sportzeitschrift zu sehen. In der heutigen Spieltabelle hatte Max Rabbitt die Ergebnisse aller Paarungen notiert auch das 3:2 für United.
Sergeant Graham kam zurück. „Ich habe mir in der Sicherheitszentrale die Bänder der Viedeoüberwachungskameras angesehen. Es waren nur zwei Männer auszumachen die während des Spiels in den Garderobenbereich gekommen waren. Ein gewisser Tom Strange war in der Aufzeichnung in der Mitte der ersten Halbzeit zu sehen und der Kassenwart Jeff Sweet tauchte gegen Ende der zweiten Halbzeit auf den Videos auf. Wer von den beiden in Rabbitts Garderobe ging und ihn umbrachte das ist nicht zu erkennen.“
„Aber auch ohne es zu sehen ist klar wer von den beiden der Täter ist“ sagte Carter.

(Aus: Prisma. Wochenmagazin zur Zeitung. Prisma-Verlag GmbH & Co. KG, Stolkgasse 25–45, 50667 Köln.)

Was ist Carter aufgefallen?

Lösung: Der Siegtreffer fiel in der 82. Minute und war von Max Rabbitt bereits notiert. Jeff Sweet war demnach der Mörder. Er kam als einziger kurz vor Spielende in den Garderobenbereich.

■ Diktiert euch die Texte als Laufdiktate. Füge durch Nummerierungen die Teile der Geschichte so zusammen, dass sie zueinander passen und sich ein sinnvoller Zusammenhang ergibt. Vergleich dein Ergebnis anschließend mit deinem Nachbar/deiner Nachbarin.

METHODE

Lauf- oder Schleichdiktat

Der abzuschreibende Text liegt auf einem Tisch (möglichst weit weg) oder hängt an der Wand. Du musst nun zum Text »schleichen«, um dir ein Wort, ein Satzteil oder einen ganzen Satz bewusst zu machen. Im Kopf transportierst du ihn wieder zum Platz und schreibst ihn dort auf. Nach der Niederschrift des Textes vergleiche ihn mit der Vorlage und korrigiere ihn.

Max im Pech (Teil 1)

Dort wollten sie bis zum Sonntagabend bleiben. Natürlich war seine Familie nicht auf dem Laufenden: „Ich schaffe die Prüfung, mir kann gar nichts mehr passieren!“, antwortete Max selbstsicher, wenn sich seine Eltern ab und zu erkundigten.

In der alles entscheidenden mündlichen Prüfung versagte er dann allerdings kläglich. Seine Deutschlehrerin war ganz offensichtlich aufgeregter als er, die anderen Prüfer verzogen keine Miene. Zum Glück waren seine Eltern und sein Bruder schon früh am Morgen zu den Großeltern gefahren.

Müde schloss Max die Haustür auf. Das war es nun, durchgefallen! Im Nachhinein ärgerte er sich am meisten über sich selbst. Ihm war schon seit Langem klar, dass er nur geringe Chancen hatte. Während die anderen am Schreibtisch über ihren Büchern schwitzten, hatte er es vorgezogen, etwas Spannenderes zu unternehmen.

Sie wussten nicht, dass er spätabends in seinem Zimmer am Computer spielte und sich nicht im Geringsten auf die Prüfung vorbereitete.

Ausdauer war zwar im Sport, nicht aber beim Lernen seine Stärke.
Im Übrigen hatte er in den letzten Jahren die Versetzung immer irgendwie geschafft, und nach einigem Hin und Her wurde er schließlich zur Abschlussprüfung zugelassen. Also vertraute er auch diesmal darauf, mit wenig Aufwand durchzukommen.

Max im Pech (Teil 2)

Dabei stolperte er über die kostbare Bodenvase im Flur, die in tausend Scherben zersprang. Wie gut, dass seine Eltern nicht in der Nähe waren, das hätte eine Menge Ärger gegeben. Es klingelte aufs Neue an der Tür. „Ja, Alex, einen Moment!“, rief Max.

„Überraschung, herzlichen Glückwunsch zur bestandenen Prüfung! Na, da staunst du, nicht wahr?“ Seine Mutter hielt ihm einen großen Blumenstrauß unter die Nase, dahinter strahlte ihn der Rest der Familie mitsamt den Großeltern an ...

„Alles klar, bis gleich!“ Max schlug vier Eier in die Pfanne und setzte sich anschließend vor den Fernseher. Dort schlief er im Nu ein. Plötzlich klingelte es an der Tür. Max schreckte hoch: Ist Alex schon da? Was stinkt denn hier so fürchterlich? Mist, die Spiegeleier!

Max hatte also ein Wochenende ganz für sich und das neue Spiel. Allein wollte er aber nicht bleiben, also rief er als Erstes seinen Kumpel Alex an: „Frag nicht nach der Prüfung, kannst du vorbeikommen?“ „Okay, in einer halben Stunde bin ich da, machst du uns etwas zu essen?“

Woher kamen denn die roten Flecken auf dem weißen Teppich im Flur?
Oh nein, sein Fuß blutete! Wieso ging heute nur alles schief? Max riss die Tür auf und erschrak aufs Äußerste:

In der Küche war alles voller Rauch und Fettspritzer, schnell wollte er die Pfanne vom Herd nehmen. Dabei rutschte ihm der Griff aus der Hand und die Pfanne fiel zu Boden. Fluchtartig verließ Max die Küche, um Alex die Tür zu öffnen.

■ Setze die unten in Großbuchstaben aufgelisteten Wörter in die passenden Lücken ein. Einige Wörter kommen doppelt vor. Achte bei ihnen auf die Groß- und Kleinschreibung. Andere Wörter klingen sehr ähnlich, haben aber eine unterschiedliche Bedeutung.

Ich tappe nicht in die Falle!

Auf diesem ____________ ist Fußball spielen verboten.

Im Urlaub ____________ wir uns gern am Strand.

Er erschrak so sehr, dass er keinen ____________ von sich gab.

Wenn man den Hammer benutzen will, muss man ihn am ____________ fassen.

Beim Training wurde er beim Hochsprung jedes ____________ besser.

Sie gab ____________ von sich, dass sie keine Lust mehr zum Spielen hatte.

Es fielen ihm die ____________ nicht mehr ein, die er früher gesungen hatte.

Der Lehrer bemängelt beim Aufsatz seinen ____________.

Die Hausherren hatten am Abend zu einem köstlichen ____________ eingeladen.

In unserer Milchstraße gibt es mehrere ____________.

An den ____________ hingen seine schönsten Urlaubsfotos.

Wenn der Winter ____________, werden die Tage kürzer.

Ohne ____________ lässt sich dieser Riss im Zelt nicht mehr reparieren.

Schon während des Films im Kino fielen ihm die ____________ zu.

Ohne ____________ ist man aufgeschmissen, wenn man auf dem Land wohnt.

In der letzten Zeit schwimmen mir die ____________ weg.

Auf dem engen Hof konnte man mit dem Auto kaum ____________.

Die CD muss ich auf alle ____________ haben.

Wer mit dem Auto ____________ will, braucht einen großen Geldbeutel. Manchmal muss man etwas ____________, um Erfolg zu haben.

NAHT	NAHT
WAGEN	WAGEN
FELLE	FÄLLE
WÄNDEN	WENDEN
RASEN	RASEN
SONNEN	SONNEN
STIEL	STIL
LAUT	LAUT
MAL	MAHL
LIEDER	LIDER

Mix-TouR

■ Hier kannst du zeigen, dass du schon topfit für Diktate bist. Ergänze die Lücke, indem du dich jeweils für die richtige Schreibweise entscheidest.

Reingefallen!

Lieber Ulli,

du __________ (weißt/weisst), da_____ (s/ss) wir letzte Woche mit der ganzen Klasse in Daun in der Eifel in der Jugendherberge waren. Du kennst da_____ (s/ss) ja. Am ____________ (ANFANG) findet man meist alles ___________ (gar nicht/garnicht) so toll. Aber diesmal war da_____ (s/ss) anders, denn die Jugendherberge und die Umgebung haben uns auf _________ (ANHIEB) gefallen. Selbst der Herbergsvater war im ___________ (ALLGEMEINEN) in Ordnung. Natürlich hat auch er uns erzählt, da_____ (s/ss) man dies und da_____ (s/ss) nicht tun dürfe, da_____ (s/ss) man dafür aber diese und jene Pflichten habe usw. Da_____ (s/ss) __________ (TOLLSTE) war, da_____ (s/ss) direkt zur Jugendherberge ein Sportplatz gehörte. Klar, da_____ (s/ss) wir des __________ (ÖFTEREN) dort ___________________ (Fußball gespielt/Fußballgespielt) haben, manchmal auch gegen andere Klassen. Da_____ (s/ss) Ergebnis war nicht nur eine Niederlage gegen eine neunte Klasse aus Hannover, sondern im _______________ (WESENTLICHEN), da_____ (s/ss) wir alle vom __________ (SCHREIEN) und _______________ (ANFEUERN) heiser waren. Da_____ (s/ss) war unser Verderben. Lindner, unser Klassenlehrer, schien selbst etwas __________ (HEISER) zu sein und trug schon ______________ (MORGENS) einen Schal. Da_____ (s/ss) hat er dann zu einem wirklich hinterlistigen Streich ausgenutzt. Stell dir da_____ (s/ss) einmal vor: Also wir sitzen beim Mittagessen, der Herbergsvater kommt herein und __________ (lässt/läßt) uns wissen, da_____ (s/ss) er uns nach dem Essen alle sprechen __________ (müße/müsse). Was hat da_____ (s/ss) zu bedeuten? Lindner teilt uns mit, da_____ (s/ss) da_____ (s/ss) Gesundheitsamt Daun angerufen und eine Pollenwarnung _______________ (durch gegeben/durchgegeben) habe und da_____ (s/ss) wir alle geimpft werden müssten, da gefährliche Milben auf den __________ (DRAUSSEN) _____________________ (herum fliegenden/herumfliegenden) Pollen zu Halsschmerzen und Heiserkeit führen könnten. Da_____ (s/ss) überall starker Pollenflug herrschte, war nicht zu übersehen. Und da_____ (s/ss) viele von uns heiser waren, da_____ (s/ss) war nicht zu _________________ (über hören/überhören). Da_____ (s/ss) wirkte __________ (ALLES) so echt, da_____ (s/ss) selbst ich plötzlich da_____ (s/ss) Gefühl hatte, da_____ (s/ss) ich meine Heiserkeit nicht __________ (leicht nehmen/leichtnehmen) dürfe und da_____ (s/ss) es etwas __________ (ERNSTES) seien könnte. Jasmin war schließlich die __________

(EINZIGE), die überhaupt etwas dagegen ______________ (ein zu wenden/einzuwenden) hatte. Doch der Hausmeister beruhigte sie.

Er erklärte, da____ (s/ss) es nur eine harmlose Schluckimpfung sei.

Du wirst mir da____ (s/ss) kaum glauben, aber wir haben uns so ______________ (krank gefühlt/krankgefühlt), da____ (s/ss) einige sich sogar freiwillig __________ (NACHMITTAGS) hingelegt haben. Um 15.00 Uhr __________ (mußten/mussten) wir dann zur Schluckimpfung antreten.

Ich könnte mich __________ (schwarz ärgern/schwarzärgern) und kann jetzt nicht mehr verstehen, da____ (s/ss) wir da____ (s/ss) __________ (mitgemacht/mit gemacht) haben, ohne Verdacht zu schöpfen. Der Herbergsvater und Lindner führten __________ (nämlich/nähmlich) die Impfung selbst durch. __________ (Mann/Man) verlangte, da____ (s/ss) wir __________ (EINZELN) den Raum betraten und ein Stückchen Zucker schluckten, da____ (s/ss) der Herbergsvater mit einer Flüssigkeit beträufelte, bevor Lindner es uns eigenhändig in den Mund steckte.

Ich weiß jetzt natürlich, da____ (s/ss) nur Wasser in der Flasche des Herbergsvaters war, aber an diesem Tag habe ich wirklich geschmeckt, da____ (s/ss) da____ (s/ss) Zuckerstück bitter war.

Da____ (s/ss) lag nur daran, da____ (s/ss) Martin, der zuerst geimpft wurde, da____ (s/ss) Gesicht verzog, als er herauskam und meinte, da____ (s/ss) da____ (s/ss) schrecklich __________ (BITTER) schmecke.

Ich bin nur froh, da____ (s/ss) auch Lindner nachher noch etwas __________ (ANGST) bekommen hat, da __________ (mittler Weile/mittlerweile) einige zu Hause angerufen hatten, um zu erzählen, was passiert sei. Als Lindner da____ (s/ss) hörte, wurde er richtig __________ (ROT) im Gesicht. Du kannst dir da____ (s/ss) nicht vorstellen, wie wir dreingeschaut haben, als Lindner plötzlich den Schal abgelegt und mit ganz normaler Stimme uns erklärte, da____ (s/ss) da____ (s/ss) alles nur ein Streich gewesen sei, den er sich mit dem Herbergsvater ausgedacht habe.

Ich jedenfalls __________ (weiss/weiß) jetzt, wie schnell da____ (s/ss) geht, den Leuten __________ (ETWAS) einzureden, wenn man da____ (s/ss) nur geschickt anstellt. Da____ (s/ss) wir uns für Lindner nun auch ______________ (IRGENDETWAS) einfallen lassen müssen, da____ (s/ss) ist ja klar. Da____ (s/ss) ist aber gar nicht so einfach. Wenn du eine Idee hast, schreib sie mir.

Gruß Kai

■ Entscheide, wie die folgenden Redensarten bzw. Sprichwörter geschrieben werden müssen. Ordne ihnen die richtige Bedeutung zu, indem du die entsprechende Nummer ins Kästchen einträgst. Bei einigen musst du erst selbst die Bedeutung finden, bevor du sie zuordnest.

Redensarten

Des einen ______ (FREUD), ist des anderen ______ (LEID).	
Ehrlich ______ (währt/wehrt) am längsten.	
Etwas auf ______ (PUMP) kaufen.	
Etwas in ______ (Ähren/Ehren) halten.	
In der Not ______ (frisst/frißt) der Teufel fliegen.	
Keinen Finger ______ (krumm machen/ krummmachen).	
Mit jemandem ist nicht gut ______ (Kirschen essen/Kirschenessen).	
Morgenstunde hat ______ (GOLD) im Munde.	
Reden ist ______ (SILBER), Schweigen ist ______ (GOLD).	
Sich Asche aufs ______ (Haubt/Haupt) streuen.	
Sich winden wie ein ______ (Al/Aal).	
Vorbeugen ist besser als ______ (BOHREN).	
Wer zuletzt lacht, lacht am ______ (BESTEN).	

Bedeutung

1	Die Schuld für etwas selbst übernehmen.
2	Ehrlichkeit zahlt sich aus.
3	Wenn es Probleme gibt, muss man manchmal tun, was man nicht will.
4	Etwas mit geliehenem Geld bezahlen.
5	Um eine Sache herumreden, sich zieren etwas zu tun.
6	Man muss mit dieser Person vorsichtig umgehen.
7	Zu Beginn eines neuen Tages ist alles noch in Ordnung.
8	Besser vorher etwas unternehmen, als zu lange zu warten.
9	Mit etwas sorgfältig umgehen.
10	______
11	______
12	______

■ Kevin hat seinen Eltern während der Klassenfahrt einen kurzen Brief geschrieben. Da er nicht so fit in der Rechtschreibung ist, sind ihm dabei einige Fehler unterlaufen. Unterstreiche die falsch geschrieben Wörter und schreibe den Brief für Kevin fehlerfrei. Du kannst den Text auch als Partnerdiktat (s. S. 6) verwenden.

Brief von Kevin

Hallo, liebe Eltern,

ihr könnt euch nicht vorstellen, wie wir hier unter gebracht sind.
Diese Jugendherberge ist ein warer Trümmerhaufen. Ich habe immer angst, mit dem Bett zusammen zu brechen. Das Essen ist auch kaum geniessbar. Gestern serwierten Sie Püre mit Spinat und Spiegelei. Da ihr wißt, wie ich Spinat haße, könnt ihr euch vorstellen, wie schlimm das für mich war.
Mir wird schon Angst und Bange, wenn ich daran denke, was es wohl Morgen gibt. Dafür können wir hier fiel unternehmen. Gestern vormittag waren wir erst zum schwimmen am See und Nachmittags zum Radfahren. Wer nicht Radfahren wollte, konnte auch Minigolf spielen. Morgen findet entlich der lang ersehnte Ausflug zum Erlebnispark statt, auf den wir uns seid der Ankunft freuen.

Viele Grüße
Kevin

■ Erstelle dir ein Diktatheft nach der beschriebenen Methode und füge diesen und weitere Texte dieses Übungsheftes als Übungsdiktate ein.

METHODE

Abschreibe-Diktatheft

Klebe auf die Rückseite eines Schreibheftes eine Klarsichthülle. Stecke den Diktattext in die Hülle. Präge dir den Text in kleinen, individuellen Einheiten ein und schreibe ihn – ohne die Vorlage zu haben – vorne in dein Heft ab. Nach der Niederschrift des Textes vergleiche ihn mit der Vorlage und korrigiere ihn.

Die Lösung

Dr. Patson war schnell dahintergekommen, dass das verbrannte Papier zurzeit keine weiteren Geheimnisse mehr verbarg. Im Telefonbuch fanden sie einen Juwelier namens Arthur Goldsmith, Oxfordstreet 49. Sie hatten Glück und trafen Mr. Goldsmith persönlich an. Die Befragung ergab, dass sich der Juwelier noch sehr gut an den Schmuck erinnerte, aber den Auftraggeber weniger zufriedenstellend beschreiben konnte. Beim Verlassen des Ladens stolperte Dr. Patson über die Eingangsstufe und wäre beinahe gestürzt. „Warten Sie einen Augenblick!“, rief ihnen Mr. Goldsmith aufgeregt hinterher, „auch der Kunde wäre fast gefallen. Während des Weggehens zog er dann das rechte Bein ein wenig nach.“ Sie fuhren zu Lady Miriam.

Sophie öffnete ihnen die Tür und führte sie in den Salon. Wenige Minuten später wurden sie von der Lady begrüßt. „Haben Sie schon etwas herausgefunden?“ „Wir wollen nicht heimlich tun“, antwortete Hups, „der Fall ist so gut wie gelöst.“ Dr. Patson bat darum, alle Bediensteten in den Salon zu rufen. Die beiden Detektive forderten die Anwesenden auf, Platz zu nehmen. Dicht gedrängt saßen sie alle auf dem Sofa. Butler James wirkte diesmal noch nervöser und auch Sophie rutschte unruhig hin und her. Berta warf verstohlene Blicke zu Georg, der es sich neben ihr bequem gemacht hatte. Lady Miriam lehnte am Kamin, schaute Hilfe suchend in die Runde und harrte der Dinge, die da kommen sollten.

Sherlock Hups öffnete langsam sein Notizbuch und trug, in Bezug auf den Diebstahl, die ermittelten Ergebnisse vor. Alle Indizien sprachen im Nachhinein gegen James. Die Glasscherben, die nicht im Raum, sondern auf der Terrasse lagen. Das Feuer im Kamin, obwohl es Sommer war. Ebenso sehr das nachgezogene Bein, das der Juwelier bemerkt hatte. Der Butler wurde ganz weiß im Gesicht und Sophie schluchzte laut los: „Nein, mein heiß geliebter James war es nicht. Wir beide waren doch in dieser Nacht heimlich im Dorfkrug tanzen. Bitte verzeihen Sie, Lady Miriam.“ „Ich weiß“, sagte Hups, „der wahre Täter sitzt auch dort!“ Mit seiner Pfote zeigte er auf Georg, der plötzlich Schweißperlen auf der Stirn hatte.

„Der Gärtner hatte allzu sehr versucht, den Verdacht auf James zu lenken, doch dabei unterliefen ihm einige Fehler. Bei Mr. Goldsmith zog er das falsche Bein nach und Dr. Patson entdeckte auf dem Papier Spuren von Chlorophyll und Blut. Der Schmuck liegt mit an Sicherheit grenzender Wahrscheinlichkeit im Garten unter dem Rosenstock vergraben." Georg gestand und wurde von Scotland Yard verhaftet. Das Aufsehen erregende Ereignis wurde am darauffolgenden Tag in der ganzen Presse lobend erwähnt. Über Nacht waren unsere Detektive berühmt geworden. Abends schrieb Hups stolz einen Brief an seine Eltern, wobei er nur schwer sein Heimweh unterdrücken konnte.